MAGIE BLANCHE

EN FAMILLE

ANGERS, IMP. BURDIN ET Cⁱᵉ, RUE GARNIER, 4.

MAGIE BLANCHE

EN FAMILLE

Par MAGUS

HENRI GAUTIER, ÉDITEUR
PARIS, 55, QUAI DES GRANDS-AUGUSTINS.
1894

PRÉFACE

L est peu de divertissements aussi attrayants qu'une séance de Physique amusante : grands et petits enfants trouvent un plaisir extrême à suivre le prestidigitateur dans les régions fantastiques du merveilleux, où les vieux contes de fées entendus autrefois, deviennent des réalités, où l'on voit s'accomplir les choses les plus invraisemblables, où l'on assiste à des transformations merveilleuses, où s'opèrent, en un mot, des prodiges tels que seule peut en réaliser la baguette magique d'un sorcier.

Qui n'a porté envie au talent des prestidigitateurs en renom et n'a souhaité de posséder le secret de leurs tours qui semblent en contradiction avec les lois immuables de la nature? Voici que les corps opaques deviennent transparents, les solides impalpables; la pesanteur n'existe plus; les objets inanimés se mettent d'eux-mêmes en mouvement; là où rien n'avait été mis, on trouve quelque chose, puis, boîtes, machines, animaux, personnages même s'évanouissent subitement au souffle du magicien.

Aussi la prestidigitation a-t-elle toujours été en faveur, et les heureux du monde ne comptent pas l'or pour attirer dans leurs salons les modernes sorciers, dignes émules et successeurs des Robert-Houdin, des Bosco, des Pinetti, des Comte, des Olivier, des Cazeneuve, des Philippe et autres, qui ont fait preuve parfois d'un véritable génie dans leurs inventions.

Pourquoi les spectacles de Magie blanche, *ce passe-temps si agréable, resteraient-ils l'apanage de quelques privilégiés? Pourquoi cet art de produire des illusions, et dont les secrets sont gardés avec un soin si jaloux par ceux qui les possèdent, ne serait-il pas mis à la portée de tous en notre époque de vulgarisation?*

Lorsque, dans une réunion de famille, on aura fait de la musique, quand on aura épuisé tous les petits jeux de société, et que les maîtres de la maison verront avec inquiétude que, malgré tout l'entrain qu'ils déploient, l'ennui est près de se glisser chez leurs invités, offrez de donner une petite séance de Physique amusante, *tout le monde applaudira à cette proposition.*

On sait que dans les œuvres de patronage, les cercles ouvriers et autres associations du même genre, les récréations et les divertissements sont indispensables; le remède qui doit guérir, et l'aliment qui doit fortifier, ne peuvent y être proposés le plus souvent qu'à la faveur de choses plus agréables, de même qu'il faut envelopper de confitures le médicament qu'on présente à l'enfant; quelques séances de prestidigitation, figurant sur' le programme des fêtes de l'année, auront un puissant attrait, et contribueront ainsi pour une bonne part à obtenir le résultat désiré.

Dans les écoles enfin, dans les orphelinats, où l'on oublie trop souvent que le jeu et le rire sont indispensables à l'enfant, et aussi favorables à la santé de l'âme et du corps qu'au repos de l'esprit et aux progrès dans l'étude, une séance de Magie blanche *fera le bonheur de ces petits, auxquels toutefois il sera bon d'expliquer, après les avoir bien amusés, qu'il ne s'agit là que de jeux, d'illusions, de moyens occultes, mais absolument naturels, employés pour produire des effets qui ne sont merveilleux qu'en apparence : à l'appui de ceci on leur dévoilera le procédé employé pour l'un ou l'autre des tours à grand effet que l'on aura exécutés sous leurs yeux quelques instants auparavant.*

Notre intention en écrivant ce livre, a donc été de mettre la Magie blanche *à la portée de tout le monde, malgré les colères de tous genres suscitées déjà par la publication de nos articles sur cette matière dans différentes publications périodiques, telles que :* la Nature, l'Ouvrier, *et* les Veillées des Chaumières.

Sans doute, la prestidigitation proprement dite est un art véritable qui exige la souplesse, l'agilité, la dextérité des doigts, choses qui ne s'acquièrent que par de longs exercices et qui resteront toujours indispensables pour produire une certaine catégorie de prestiges. D'autre part, il est aussi un moyen très simple de s'improviser magicien : c'est d'acheter, moyennant le prix fabuleux auquel ils sont cotés par les marchands, des instruments d'escamotage où l'illusion est produite par la machine employée; nous avons décrit dans la Nature un assez grand nombre de ces appareils, souvent très ingénieux.

Mais en dehors de ces deux catégories de prestiges qui, pour des motifs différents, ne sont pas à la portée de tout le monde, il existe mille tours charmants qui ne demandent que peu d'habileté et qui peuvent être exécutés sans exercices préalables par toute personne intelligente, soit au moyen d'objets qu'on a toujours sous la main, tels que mouchoirs, foulards, œufs, verres, bouteilles, assiettes, papiers de couleur, etc., soit en n'employant que des appareils faciles à confectionner, et consistant principalement en boîtes, cartonnages, tubes, planchettes, anneaux; dans des cas assez rares, il faudra recourir pour l'exécution de quelques pièces très simples, au ferblantier, au serrurier ou au tourneur voisin, ou bien encore se procurer quelques produits chimiques fort communs et que l'on peut trouver partout.

Parmi les expériences qui composent le programme ordinaire des séances que donnent les prestidigitateurs de profession, nous avons fait un choix et nous nous sommes arrêté à celles qui nous ont paru les plus jolies, les plus faciles et qui n'exigent pas une mise en scène compliquée. Un grand nombre de ces tours n'avaient jamais été publiés quand nous les avons fait paraître dans le journal l'Ouvrier; plusieurs sont absolument nouveaux; d'autres, au contraire, sont très anciens et pour ainsi dire classiques; nous n'avons pas hésité à leur donner place dans notre Recueil, car bien que connus des gens du métier, ils auront encore, pour un assez grand nombre de lecteurs, le mérite de la nouveauté ; enfin souvent, pour certains tours, laissant de côté les procédés généralement en usage, nous avons employé d'autres moyens, soit à cause de leur plus grande simplicité, soit à cause de leur nouveauté. Nous nous sommes efforcé d'être clair, et l'on pourra nous reprocher d'avoir été même prolixe dans nos explications, alors que souvent, la vignette seule qui accompagne notre texte, aurait suffi sans doute pour donner, à première vue, l'explication de l'artifice employé; du moins sera-t-on assuré, en suivant exactement nos indications, de ne rencontrer aucune difficulté et d'obtenir des résultats satisfaisants.

Nous n'avons jamais songé, comme on nous l'a reproché si amèrement, à mener une campagne contre les prestidigitateurs ; que ceux qui manquent de talent craignent la lumière, c'est chose facile à comprendre; mais la science a marché, elle progresse de jour en jour : pourquoi donc seuls messieurs les prestidigitateurs auraient-ils le droit de rester stationnaires? Ce ne sera pas le moindre des résultats atteints, si nous pouvons les obliger à chercher autre chose, et à nous présenter enfin du nouveau dans leurs spectacles.

Ce volume s'adresse non seulement aux amateurs magiciens, qui voudraient y puiser le plaisir d'amuser et de divertir les *autres; mais encore à tous ceux qui seraient simplement curieux de connaître le secret de la plupart des tours de* Physique amusante *exécutés dans les séances auxquels ils ont assisté; enfin les personnes graves, les penseurs, y trouveront peut-être matière à une intéressante étude psychologique sur l'art de produire des illusions.*

MAGUS.

Paris, 25 août 1894.

AVANT-PROPOS

Dans ce chapitre préliminaire, où nous traiterons des préparatifs à faire et des règles générales à observer pour exécuter avec succès une séance de physique amusante, nous passerons en revue successivement : le programme, la disposition du local, la table du prestidigitateur, le magicien et la mise en scène, le boniment et le geste ; de là les cinq paragraphes suivants.

1. — *Le programme.*

Il est indispensable, même pour la plus modeste séance de prestidigitation, de faire son plan à l'avance. Tel amateur magicien, invité à donner chez des amis une soirée récréative, remplit au hasard, à la dernière minute, une valise d'objets et d'ustensiles d'escamotage qui lui serviront ou qui ne lui serviront pas ; arrivé à destination, il étale tout son bagage sur les tables, sur les chaises, et, nerveux, préoccupé, agité, fiévreux, il commence par le premier tour venu ; sans prendre le temps de respirer, il passe à une seconde expérience, pour laquelle il s'aperçoit bientôt qu'il lui manque quelque chose ; il s'arrête, il réfléchit, il est inquiet ; pendant un entr'acte interminable, il cherche des expédients qui lui permettent de se tirer d'embarras; accroupi dans un coin, il fait de longs préparatifs qui lassent les plus patients: on le voit qui, d'un air mystérieux, parle à l'oreille des gens de la maison; il met tout le monde en mouvement, pour se faire apporter du fil blanc, de la soie noire, une épingle, un peu de cire, des œufs, une assiette, de l'eau, un verre, une bouteille de vin. Au milieu de cette confusion, le plus grand nombre des expériences ne réussissent qu'à demi; on s'ennuie, on trouve le temps long : seul notre homme ne s'aperçoit pas que deux heures, trois heures, quatre heures peut-être, se sont écoulées; il a exécuté tous ses tours favoris, ceux qu'il connaît le mieux, et qui auraient été passables s'il les avait présentés avec calme; mais puisque ses outils, ses boîtes, tout son matériel truqué est là, il faut, à son avis, que la liste des tours les plus insignifiants soit épuisée, et les malheureux spectateurs sont obligés, tout en l'accablant de compliments et de félicitations, de le prier de se reposer, d'essuyer la sueur qui coule à grosses gouttes de son front.

Les choses se passent d'une manière bien différente avec un programme étudié et arrêté à l'avance.

Faites d'abord une liste complète des expériences que vous connaissez, et marquez à côté de chaque titre le nombre approximatif de minutes nécessaires pour l'exécution du tour; puis faites un choix, suivant la catégorie des spectateurs auxquels vous vous adresserez, le local et les moyens dont vous disposerez.

Si vous n'avez pas de motifs particuliers pour qu'il en soit autrement, comptez sur une séance de deux heures : c'est un maximum qu'il est rarement avantageux de dépasser.

Ayez soin de faire entrer dans votre programme des expériences de différents genres : tours d'adresse, de combinaison, de chimie, de calcul, de physique, de mécanique; procédez ensuite à leur classement dans un ordre tel que l'un fasse valoir l'autre.

Quelques prestidigitateurs commencent la séance par les plus simples de leurs tours et continuent de manière à ce que l'étonnement aille toujours croissant jusqu'à la fin du spectacle qui se termine par les expériences les plus brillantes de leur répertoire. Cette pratique est bonne, sans doute, si les premiers tours sont tels qu'ils puissent faire une impression avantageuse sur les spectateurs.

Nous pensons cependant qu'il est préférable de chercher tout d'abord à frapper les esprits par un tour qui, simple en apparence et très court, soit néanmoins un des plus difficiles à comprendre ; on divisera ensuite le programme en deux ou trois parties dans chacune desquelles on ira de plus fort en plus fort, réservant pour la fin de chaque série, surtout pour la dernière, un tour à grand effet.

Le programme arrêté, préparez des subterfuges et des réponses pour les objections et les questions que l'on pourra vous faire.

N'avertissez jamais du tour que vous allez faire, de crainte que les spectateurs, prévenus de l'effet que vous voulez produire, n'aient le temps d'en deviner la cause.

Autant que possible, ayez à votre disposition différents moyens pour exécuter la même expérience, afin que si l'on venait à deviner le procédé que vous avez employé, vous puissiez en opérant d'une autre manière, *prouver* que l'on s'est trompé.

Si l'on vous demandait de répéter un tour pour lequel vous n'avez qu'un seul moyen d'exécution, gardez-vous bien d'accéder à ce désir, mais n'allez pas non plus refuser ouvertement ; répondez au contraire, en souriant, que vous vous ferez un plaisir de recommencer l'expérience, et que, pour plus de variété, vous allez la présenter sous une forme différente ; faites alors une expérience qui ressemble à la première, quoique basée sur d'autres principes, et dites hardiment que c'est le même tour et que vous n'en avez changé que les apparences.

Si vous avez lieu de penser que certains tours qui figurent sur votre programme soient connus de quelques spectateurs, efforcez-vous d'en changer l'aspect ; rajeunissez les vieux tours par un boniment nouveau, par des accessoires brillants, par des perfectionnements apparents : il est toujours facile d'inventer du nouveau quant à la forme ; et même, en cherchant bien et en ne se défiant pas trop de ses propres forces, pour peu que l'on ait l'expérience des choses de la prestidigitation, on fabriquera assez facilement de toutes pièces des prestiges qui paraîtront absolument nouveaux bien que basés sur des moyens assez connus.

Souvent l'enchevêtrement de deux ou trois expériences assez simples leur donnera une apparence de complication et pourra déjouer la perspicacité des connaisseurs ; on trouvera particulièrement des ressources à ce point de vue dans les récréations qui consistent à faire apparaître et à faire disparaître des objets, ou à les faire voyager : des principes différents étant ainsi mis en jeu pour produire des effets semblables en apparence, l'esprit des spectateurs est plus facilement dérouté.

Il est prudent de ne pas trop se fier à sa mémoire, qui peut être infidèle au milieu de l'agitation d'une séance ; on notera donc, par écrit, non seulement tous les numéros du programme, mais encore les préparatifs immédiats à faire pour chaque tour.

Tout cela ne veut pas dire qu'il ne faille pas laisser quelque chose à l'imprévu ; au contraire, rien ne produit autant d'effet qu'une apparence d'improvisation ; une expérience se présente-t-elle comme une réponse à l'objection d'un spectateur, n'hésitez pas à l'exécuter immédiatement, quoique, suivant votre programme, elle ne dût passer que plus tard.

Cherchez autant que possible des ruses pour faire croire que vous employez d'autres moyens que ceux qui vous servent réellement. Quand l'effet d'un tour dépend de la disposition de l'appareil employé, mettez ce tour sur le compte de votre adresse. Si vous exécutez un tour où toute votre dextérité doit être mise en jeu, tâchez de paraître maladroit.

Soyez attentif aux moindres symptômes qui se manifesteront chez vos spectateurs, et, s'il vous survient une circonstance favorable qui vous permette par exemple d'escamoter à son insu la bague d'un spectateur pendant que vous lui tenez la main et que vous occupez son esprit de vos discours, profitez de cet heureux hasard et passez aussitôt à l'expérience de l'anneau dans un œuf (voir chapitre IV, p. 15). Un homme habile et ingénieux saura toujours tirer parti des cas favorables qui ne manqueront pas de se présenter et dont seuls les sots ne savent jamais profiter.

Enfin, dans quelque circonstance que ce soit, ne manquez pas de vous adjoindre, si c'est possible, le concours de quelque personne musicienne. Certains tours, en effet, gagnent à être exécutés avec accompagnement d'un air joué en sourdine, de manière à permettre cependant d'entendre les paroles du presdigitateur : si la *pièce savante*, le *chapeau ensorcelé*, ou une carte à jouer, dansent en mesure au son de la musique, l'effet produit en sera plus comique ; un air lugubre avec grondements de tonnerre, des phrases en mineur, une musique inquiète et agitée, donneront beaucoup de relief aux expériences de *spiritisme simulé* : une douce mélodie servira aux passes des *anneaux chinois* (chapitre XXII, p. 103). Enfin, dans certains moments difficiles, une harmonie tapageuse, pourra empêcher qu'on entende le bruit de la chute d'un objet sur la *servante*, ou le craquement des cartes dont on aurait fait maladroitement sauter la coupe.

Mais le principal avantage que procure aux presdigitateurs le concours d'un *instrument* de musique même dans la moindre séance de salon, c'est de lui permettre de prolonger un peu les moments de repos qui séparent les différents numéros de son programme, et de lui éviter ainsi une fatigue et une agitation nerveuse qui pourraient être des plus préjudiciables au succès de ses expériences.

2. — *Le local.*

On peut être invité à donner une séance de magie blanche dans des conditions bien diverses : trois cas principalement peuvent se présenter.

Tantôt il faut tout disposer, pour ainsi dire, sous les yeux des spectateurs ; on prend dans ce cas la première table venue, que l'on place dans un coin de la salle ; si l'on a sous la main quatre tabourets solides, tous de la même hauteur, ou quatre petites caisses, on fera bien de les mettre sous les pieds de la table afin de surélever celle-ci d'une hauteur de vingt à trente centimètres ; on improvise une *servante*, comme nous le dirons plus loin, et on profite de quelques allées et venues pour tendre invisiblement un fil de soie noire et pour déposer en un lieu convenable, en les cachant derrière d'autres objets, les choses dont on aura besoin ; enfin, s'il y a une porte de communication avec une pièce voisine, on ne manquera pas d'en profiter, et de se placer à proximité, afin de pouvoir se retirer de temps en temps à l'écart, cacher aux yeux des spectateurs certains ustensiles, et faire sur soi quelques préparatifs, dans les poches, les manches ou sur la poitrine.

Si la séance est décidée quelques jours d'avance, le presdigitateur aura le plus souvent le choix de l'emplacement ; on lui permettra même volontiers de disposer un paravent, de faire une certaine mise en scène, un petit étalage symétrique d'ustensiles, de chandeliers, lampes, candélabres ; il pourra profiter de deux crochets soutenant des tableaux, pour tendre une ficelle, sur laquelle on jettera un tapis ou une nappe, en guise de rideau, pendant les deux ou trois principaux entr'actes, ce qui permettra d'enlever, des cachettes et des *servantes* dont nous allons parler, les objets devenus inutiles, et d'en mettre d'autres à leur place.

Enfin, dans certains cas plus rares, on peut organiser un véritable théâtre élevé sur une estrade; c'est, de beaucoup, la situation la plus avantageuse : on dispose alors à son aise, tables, crédences, cachettes, instruments, accessoires, fils et ficelles; ces derniers seront toujours placés le plus en arrière qu'il sera possible, de sorte qu'ils ne puissent être aperçus par les personnes qu'on invitera à monter sur la scène pour prêter leur concours en diverses circonstances.

3. — *La table du prestidigitateur.*

Toutes les expériences de ce recueil peuvent être exécutées sur une table quelconque; nous réserverons donc pour un des volumes

Fig. 1. — Tablette avec boîte capitonnée.

qui feront suite à celui-ci, la description des tables préparées : tables à trappes, tables à pédales, tables à soufflet, tables à pointes et autres, qui rendent de réels services, et bornent souvent à elles seules le secret d'un grand nombre de tours.

Il suffira donc que l'on ait une table assez haute pour atteindre à peu près les coudes du prestidigitateur; cette disposition permet de prendre ou de laisser tomber au passage dans la servante ou sur la table, sans se baisser, les boîtes, boules, verres, fleurs, mouchoirs, servant aux escamotages.

Deux guéridons placés à une petite distance de chaque côté de la table, serviront principalement à recevoir les objets qui devront changer de place.

Dans tous les cas, un accessoire indispensable au physicien,

Fig. 2. — Servante improvisée.

c'est la *servante* dont il sera assez souvent question dans cet ouvrage.

Un premier dispositif se voit dans notre figure 1 : on enlève le tiroir d'une table ordinaire, et au moyen de deux pinces B, que l'on peut se procurer chez les quincailliers et chez les marchands de fournitures pour la photographie, on fixe à la traverse de la table une planchette sur laquelle on place une boîte capitonnée et les différents objets qui doivent rester cachés jusqu'à ce qu'on en ait besoin pendant le cours de la séance.

AVANT-PROPOS

Parfois, comme nous l'avons dit, on se trouve obligé d'installer une *servante* presque sous les yeux des spectateurs; dans ce cas, on relève par derrière, au moyen de quelques épingles, le tapis de la table, de manière à former une grande poche au milieu, et deux petites de chaque côté; celles-ci servent à déposer les muscades et autres menus objets; voyez la figure 2.

Le modèle de servante que représente notre figure 3 consiste en un tapis de table cousu en forme de boîte rectangulaire, auquel

Fig. 3. — Tapis de table à poches.

sont adaptées, à la partie qui pend par derrière, deux ou plusieurs poches; les unes assez larges se tiennent béantes, les autres sont plates et peu apparentes, comme celle que l'on voit à droite de la figure et dont nous parlerons encore plus loin à propos du tour des *anneaux chinois*.

Nous recommandons tout particulièrement la servante portative que montre la figure 4, et qui consiste en une carcasse en gros fil de fer, dont la partie antérieure peut être repliée en se relevant contre le cadre qui en forme le fond vertical ; cette monture en métal est garnie, ainsi qu'on le voit en B, d'une étoffe peu étendue sur le côté mobile, de manière à former une poche où pourront tomber sans bruit les objets dont on voudra se débarrasser. Une semblable servante est facile à confectionner. Quand l'appareil doit être accroché à une table, il se termine par deux pointes *pp* comme dans la carcasse A ; ces deux pointes, que l'on forme à la lime, sont enfoncées en forçant un peu entre la tablette supérieure et le tiroir ; celui-ci est d'abord entr'ouvert, puis refermé sur les pointes qui se trouvent prises comme dans un étau.

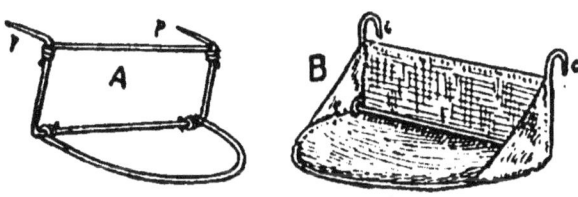

Fig. 4. — Servante portative.

Il est souvent utile d'avoir aussi une servante adaptée au dossier d'une chaise, pour y saisir ou y laisser tomber des objets au passage ; dans ce cas, les deux pointes de la servante sont remplacées par deux crochets, comme en B, figure 4 ; un foulard, ou un linge quelconque, jeté sur le dossier de la chaise, figure 5, cache l'appareil aux yeux des spectateurs.

Enfin, une servante excellente pour recevoir des objets, peut être improvisée avec un chapeau d'homme en feutre, que l'on attache avec des cordons au dossier d'une chaise.

En cas de voyage, les pointes du modèle A seraient garnies de bouchons de liège, afin de préserver de leur contact les objets qui pourraient y être joints dans une valise.

AVANT-PROPOS

4. — *Le magicien et la mise en scène.*

Voulez-vous chercher à convaincre le plus possible vos spectateurs; faites un effort d'imagination pour vous persuader à vous-même que vous allez accomplir des prodiges et que vous possédez une puissance merveilleuse.

Fig. 5. — Servante accrochée à une chaise.

Pénétrez-vous bien du rôle que vous devez jouer; rappelez-vous qu'un magicien est pour les braves gens un savant qui, à force d'étudier les sciences occultes, est parvenu à exercer sa puissance sur la nature elle-même; qu'il soumet les esprits à sa volonté, qu'il les évoque et les conjure par des charmes. Il résultera de votre conviction momentanée une attitude, un ton de voix, un extérieur, qui augmenteront l'illusion pour les spectateurs.

Si vous vous divertissez en famille avec une certaine solennité, et tandis que vous êtes en train de jouer la comédie, ne craignez pas de vous affubler d'une robe de magicien, constellée d'ornements découpés en papier doré; une perruque en filasse, le traditionnel chapeau pointu et de grosses lunettes en fil de fer, sans verres — nous supposons que vous n'êtes pas myope ou presbyte — compléteront votre accoutrement.

La robe de magicien, avec ses plis amples et ses larges manches, vous rendra plus d'un service.

Un semblable costume demande un décor approprié; aussi ne manquerez-vous pas de vous entourer de tableaux à fond noir, chargés de signes cabalistiques découpés en papier doré ou argenté; des rosaces en cartes à jouer, des figures diaboliques, des têtes de sorcières, quelques bêtes empaillées si vous en avez, des cornues et des alambics, vrais ou peints, des lampions rouges et d'autres accessoires du même genre, ridicules ou terribles, vous aideront, s'ils sont disposés avec art et avec goût, à mieux illusionner votre monde.

Il est bien entendu qu'une mise en scène de ce genre, amusante dans une séance de famille donnée par un amateur, ne serait pas de mise chez un prestidigitateur de profession, qui ne se présente qu'en habit noir des plus corrects, et qui, absolument sûr de son talent seul en jeu, évite de s'entourer d'objets capables de distraire les spectateurs, mais cherche au contraire à concentrer sur sa personne toute leur attention.

Cela ne veut pas dire que le costume de ces messieurs n'a rien de particulier : des poches profondes en avant de son pantalon et qui lui servent à se débarrasser facilement d'un objet; des pochettes étroites du côté diamétralement opposé, en un point où personne n'a jamais songé sans doute à en mettre, et où l'on peut saisir rapidement, par un simple balancement du bras en arrière, un objet dont on a besoin ; de mignons petits goussets, cousus intérieurement aux deux angles inférieurs, sur le devant de l'habit, telles sont les principales, mais invisibles particularités du costume de l'artiste physicien ; mais il n'y a pas lieu de nous étendre davantage sur ce point.

Quel que soit son accoutrement, il faut au magicien de l'enjouement et de l'entrain. Soyez gai, souriant, vos spectateurs le seront aussi ; prenez un air agacé et soucieux : la même impression se dessinera bientôt sur tous les visages.

Un accident peut se produire, un contre-temps peut survenir : riez toujours, bavardez, payez d'audace ; agissez comme si les choses avaient dû se passer de cette façon, inventez, improvisez, étourdissez votre monde, et la bévue commise passera le plus souvent inaperçue, ou tout au moins on en rira comme vous.

Un jour, dans un collège, un prestidigitateur fort habile, mais pas du tout méfiant, avait demandé le concours de deux élèves, dont l'un caché dans la coulisse, et l'autre présent sur la scène, devaient lui servir d'auxiliaires.

Dans le programme figurait l'inévitable tour de *l'omelette dans un chapeau*, et notre homme, pour rendre l'expérience plus brillante, venait d'enflammer un peu d'alcool qu'il avait versé dans le petit appareil qu'on laisse dans le chapeau à l'insu des spectateurs.

Tout à coup, une immense flamme rouge, une abondante fumée, puis une flamme verte, s'élèvent du chapeau : à cette chaleur intense, le feutre se roussit d'abord, puis se tord ; une suffocante odeur de poudre et de corne brûlée prend à la gorge tout le monde ; on rit cependant aux éclats, tant la chose semble drôle ; l'artiste lui-même, dévorant son inquiétude et cachant ses angoisses, sourit toujours, et c'est avec le plus grand calme qu'il prend une carafe d'eau pour éteindre l'incendie naissant.

Personne ne doute que les choses ne doivent se passer ainsi et que le dégât ne soit bien vite réparé; seul le propriétaire du chapeau, un grincheux professeur, détesté des élèves, ne paraît pas content du tout; tremblant, inquiet, exaspéré, il finit par se démener comme un furieux, et l'émotion comique de ce pauvre homme contribue pour une bonne part à la bruyante hilarité de ses cruels disciples. Enfin, quand le tumulte se calme un peu, le prestidigitateur toujours aimable, et qui a fait tomber adroitement sur la *servante* le chapeau abimé, en le recouvrant d'un énorme cornet, annonce au professeur que le précieux couvre-chef est entièrement remis à neuf et s'est transporté invisiblement dans sa chambre, sur son lit; il enlève en même temps le grand cornet sous lequel on ne voit plus rien, et là-dessus le rideau tombe.

La catastrophe avait été causée par les deux *servants* qui avaient introduit deux feux de bengale dans le chapeau, dans le but, dirent-ils, d'augmenter l'effet de l'expérience: ils avaient réussi en effet!

Puisque nous avons parlé des *servants* — ils sont deux ordinairement —, disons que celui qui reste caché dans la coulisse, dans une chambre voisine, dont la porte est ouverte, ou derrière un paravent, selon les cas, ne se montre jamais, et que sa présence ne doit même pas être soupçonnée par les spectateurs; c'est lui qui tire les fils et qui veille à ce que tout soit prêt au moment voulu.

L'autre servant, qui sera de préférence un jeune garçon, reçoit dans la salle les objets prêtés par les spectateurs, apporte au magicien les choses dont il a besoin, et même, il donne, à l'occasion, un coup de main pour substituer un objet à un autre, ou pour exécuter au passage un enlèvement rapide tandis que l'attention de l'assistance est captivée par le prestidigitateur.

Il nous reste ici à parler de la baguette magique. Elle doit être de coudrier, disent les vieux grimoires, et de la pousse de l'année. Il faut la couper le premier mercredi de la lune, entre onze heures et minuit, en prononçant certaines paroles..... que nous avons oubliées. Le couteau doit être neuf et retiré en haut quand on coupe. Vous étiez donc dans l'erreur si vous pensiez qu'une baguette en bois quelconque, en métal ou en ivoire, fût apte à produire les effets merveilleux de la baguette magique. Pour parler sérieusement, ce petit instrument qui paraît ne servir à rien, rend en réalité les plus grands services.

Veut-on prendre de la main gauche un objet sur la servante? On avance en même temps le bras droit vers la baguette dont la place a été calculée d'avance avec soin, et on porte les regards vers ce point : tous les yeux se dirigent alors là, et personne ne regarde ce que fait la main gauche à ce moment.

Doit-on conserver, cachée dans le creux de la main, une pièce de monnaie, une muscade, une montre? on tient la baguette magique de la même main pour en motiver la position fermée.

Veut-on ensuite se débarrasser de ce même objet dans la *servante*, cela se fait en posant, par derrière, la baguette sur la table.

La baguette magique est le sceptre du magicien ; il ne la quitte jamais, et s'en sert dans toutes ses opérations, particulièrement pour tracer des figures cabalistiques.

Il y a longtemps qu'une baguette est réputée nécessaire à certains prodiges et qu'on ne peut se représenter sans elle les fées et les sorciers. Médée, la célèbre magicienne, fille du roi de Colchide, qui facilita à Jason la conquête de la toison d'or et qui s'enfuit un jour en l'air, sur un char traîné par deux dragons ailés; Circé, fille du Jour et de la Nuit, qui reçut Ulysse dans son île et qui métamorphosa en pourceaux les compagnons de son prisonnier; Mercure qui attacha Prométhée sur le mont Caucase, et à qui Apollon fit présent de la baguette qui, avec deux serpents enroulés, devint le caducée du fils de Jupiter; Bacchus, le dieu du vin, qui se transforma en lion pour dévorer les géants qui escaladaient le ciel; Zoroastre, le premier et le plus ancien des magiciens, qui régnait, dit-on, dans la Bactriane, longtemps avant la guerre de Troie; Pythagore, l'auteur de l'extravagante opinion de la métempsycose; enfin, les sorciers de Pharaon qui voulaient singer la verge de Moïse, avaient une baguette à la main et, de nos jours encore, les devins de village ne peuvent opérer leurs prodiges qu'avec le secours de leur baguette.

La conclusion? c'est qu'il faut bien se garder de donner une séance de magie blanche sans être armé de la baguette magique.

5. — *Le boniment et le geste.*

Le boniment est la fable que débite le magicien en présentant ses tours d'escamotage; c'est, si l'on veut, un tissu de mensonges qui accompagnent chaque mouvement, chaque geste parfois. Anecdotes, traits d'esprit, jeux de mots, à-propos, petit étalage d'érudition à l'occasion, calembours même, tout cela peut entrer dans la composition d'un boniment.

Qu'on dise ce qu'on ne fait pas, qu'on ne fasse pas ce qu'on dit, qu'on fasse ce qu'on ne dit pas, peu importe ; le boniment marche toujours son petit train; le magicien cause; il bavarde agréablement, il raconte, il fait lui-même les questions et les réponses; souvent il amuse et il charme autant par ses discours que par les illusions qu'il produit; que dis-je? bon nombre de prestiges reposent exclusivement sur des artifices de langage.

Les amateurs de magie blanche attachent ordinairement trop peu d'importance, dans leurs séances, au boniment; bien rares sont ceux qui le préparent, qui en calculent les effets, qui prennent la peine de composer une fable appropriée, de tisser un petit discours : c'est un tort, car un boniment bien fait et bien présenté, rend agréable le tour le plus modeste; il est donc utile de le préparer d'avance avec soin, de manière à le bien posséder. Le diseur de monologues, le chanteur de chansonnettes, laissent peu de chose à l'improvisation : acteur comme eux, le prestidigitateur doit savoir son rôle.

Par son boniment, le magicien captive l'attention, inspire la sympathie et la confiance, confirme de la voix les faits qu'il simule du geste ; il attribue une signification aux mouvements et aux choses qui n'en ont point, aux feintes sans effets réels comme aux actes nécessaires qu'il accomplit.

Prenez l'expérience du vin changé en eau (chapitre XXIX, p. 151); habillez-la d'un joli boniment, entourez-la d'une mise en scène convenable : elle est charmante ; réduisez-la au contraire à sa plus simple expression « quelques gouttes d'un réactif versées dans un liquide rouge le décolorent » : vous n'avez plus là qu'une vulgaire expérience de chimie qui étonnera peut-être un peu les gens simples et n'intéressera guère ceux qui, au collège, ont assisté aux manipulations du laboratoire.

C'est grâce au boniment et aux gestes qu'on peut empêcher les spectateurs de voir ce qu'on a intérêt à leur cacher, qu'on leur fait faire des rapprochements et des comparaisons qui les précipitent au-devant de l'illusion, qu'on embrouille leurs idées, au point d'oblitérer momentanément chez eux le sentiment de ce qui est possible et de ce qui est absurde, qu'on se rend, en un mot, maître absolu de leur attention, les forçant à regarder où l'on veut et à croire ce que l'on dit. Tel geste qui n'est certes pas nécessaire pour opérer une transformation, est utile pour compléter l'illusion. Ne précipitez pas vos paroles en débitant le boniment ; il doit être dit, au contraire, d'un ton simple et naturel, celui de la conversation ; laissez à vos auditeurs le temps de s'habituer à voir et à penser comme vous voulez.

Le mot prestidigitateur, qui semble indiquer une grande rapidité de mouvement des doigts, est impropre le plus souvent : l'artiste vraiment habile ne se presse jamais ; rarement il est obligé d'exécuter un mouvement rapide. Dans tous les cas, ce mot de prestidigitation, pris dans son sens littéral, ne s'applique à aucune des expériences de ce volume, qui ne demandent aucune agilité ou dextérité des doigts.

Donc, en règle générale, ne vous pressez pas : une métamorphose exécutée à la vapeur produit peu d'effet.

Vous avez placé sur une assiette le gros dé qui doit passer dans un chapeau (chapitre XXVII, page 137), laissez aux spectateurs le temps de se convaincre qu'il a été mis là où vous le dites.

Vous avez raconté que le frottement d'un foulard de soie développe les propriétés de la baguette magique (chapitre I, page 1), frottez donc celle-ci réellement, avec soin, et mettez-y le temps voulu.

Vous voulez étonner en montrant la tête de bois qui, n'obéissant plus aux lois de la pesanteur (chapitre XLVIII, page 267) attend vos ordres pour descendre : laissez-là d'abord tomber deux ou trois fois le long de sa ficelle pour qu'on voie bien ce qui se produit avant l'intervention de la magie.

Un objet doit se transporter mystérieusement d'un endroit dans un autre : que l'esprit de vos spectateurs ait au moins le temps de saisir la nature du problème que vous allez résoudre.

Autant que possible, quand vous devrez feindre une action, exécutez-la d'abord réellement, afin d'entraîner la conviction de ceux qui vous regardent; ce premier geste que vous ferez aura en outre pour vous l'avantage d'être une répétition immédiate de la feinte que vous avez à faire.

Comme exemple de l'effet produit par le boniment, nous rappellerons ici un tour qui, à l'exécution, produit beaucoup d'effet, tandis qu'à la lecture il peut paraître d'une simplicité grossière et par trop élémentaire.

Une carte choisie par une première personne étant connue du prestidigitateur, grâce à un des nombreux artifices dont il dispose pour cela, il place cette carte avec quinze autres sur sa table, en formant quatre rangées de quatre cartes chacune ; puis il invite une seconde personne à désigner une des quatre séries de cartes et si dans la série désignée se trouve la carte choisie par le premier spectateur il tient le discours suivant : « Vous avez pris ces cartes-ci, je retire donc les autres ; de ces quatre cartes, touchez-en deux... vous ne le voulez pas ? je les enlève ; et maintenant de ces deux qui restent laquelle prenez-vous ? celle-ci ? je vous ai donc forcé à désigner d'une manière inconsciente la carte que j'avais fait tirer par un premier spectateur. »

Supposons que les choses se soient passées différemment : seul le discours du prestidigitateur aurait changé :

« J'écarte ces quatre cartes que vous avez touchées, veuillez m'en désigner d'autres ; j'écarte celles qui restent puisque vous n'en voulez pas. »

Enfin si, quand il n'y a plus que deux cartes, on laisse sur la table celle qui avait été choisie, le prestidigitateur fait constater qu'en obéissant exactement aux ordres qu'on lui donnait, il a enlevé successivement de la table toutes les cartes, sauf celle-là.

L'exemple suivant fera voir l'influence du geste.

On connaît le tour qui consiste à faire sortir d'un chapeau quantité d'objets, et particulièrement deux ou trois gros boulets noirs, en bois. Si, au moment où le premier boulet vient d'apparaître, l'opérateur le fait tomber sur le sol, en le suivant lui-même attentivement des yeux, les regards de tous les spectateurs se dirigent de ce côté et leur attention est captivée à un tel point que à la suite d'une gageure, un prestidigitateur a pu un jour, devant une nombreuse assistance et sans que personne ne le vit, introduire lentement dans le chapeau, après l'avoir laissé plusieurs secondes en évidence, le deuxième boulet, tandis que, du doigt de la main droite, il montrait à terre le premier qui roulait lentement vers les spectateurs.

Le magicien ne saurait évidemment obtenir de pareils résultats avec des gestes faits à contre-temps, s'il manquait de naturel, si des regards vagues et furtifs venaient trahir ses préoccupations et ses pensées secrètes.

L'imagination du public fait le reste.

Que de choses ont été vues dans une séance de magie, auxquelles le prestidigitateur n'avait jamais songé! aussi, ne vous chargez jamais d'expliquer les merveilles dont vous n'aurez pas été vous-même témoin, et dont on vous fera le récit; de la meilleure foi du monde on vous racontera des choses inexactes. Certaines personnes, par exemple, croient voir la muscade au bout de la baguette magique.

Un jour, devant une réunion d'enfants, et pendant que le servant réparait un petit accident qui venait de se produire sur la scène, le magicien s'efforçait d'occuper, par son discours, l'attention de son intéressant petit auditoire; tenant en main une assiette où venaient d'apparaître d'excellents bonbons, et qui allait subir une métamorphose, il affirma, sans trop savoir lui-même pourquoi, que cette assiette changeait parfois de couleur.

Voulez-vous qu'elle devienne rouge? demanda-t-il; eh bien! regardez-la attentivement.

Un enfant de douze ans, qui ouvrait particulièrement ses beaux grands yeux bleus, s'écria tout à coup : Oh! oui, monsieur, je vois! Deux minutes ne s'étaient pas écoulées que quinze enfants environ sur soixante voyaient le fond de l'assiette tout rouge puis ils la virent toute verte.

C'est bien là un exemple de suggestion mentale, un véritable effet d'hypnotisme produit par la presdigitation.

Les personnes intelligentes et instruites sont, à ce point de vue, quoique d'une manière différente, de véritables enfants : tout au plaisir de l'illusion, elles se livrent entièrement aux caprices du magicien. Les gens à esprit étroit et les ignorants, au contraire, sont méfiants; une sorte d'esprit de contradiction les met tout d'abord en garde; ils entrent en quelque sorte en lutte contre celui qui a l'audace de vouloir les mystifier.

Enfin, plus son auditoire est nombreux, plus le rôle de magicien est aisé ; les interruptions et les questions indiscrètes deviennent plus difficiles, et l'on dirait parfois qu'il règne dans la salle une sorte d'atmosphère où la crédulité devient contagieuse.

Une dernière recommandation. Si vous tenez à conserver en parfait état le petit matériel que vous avez confectionné, et à ne rien égarer, mettez en ordre après chaque expérience et renfermez les objets que vous avez employés ; vous éviterez ainsi après la séance les indiscrétions des curieux, il s'en trouve partout qui ne manqueront pas de venir tout examiner et d'aller ensuite étaler la perspicacité de leur esprit en dévoilant vos trucs.

Mais il temps de clore ce trop long avant-propos et d'entrer en séance.

MAGIE BLANCHE
EN FAMILLE

I

LA BAGUETTE MAGIQUE

Ce petit tour a sa place au commencement d'une séance de prestidigitation.

« On se figure parfois, Messieurs, que la baguette magique est toujours prête à accomplir des prodiges : c'est une erreur. Avant chaque séance, le physicien doit la préparer, la charger de fluide.... Aujourd'hui je vais faire cette opération en votre présence. » Et gravement, solennellement, le prestidigitateur frotte la baguette avec un foulard de soie, il la charge d'un fluide mystérieux par des gestes amples et majestueux et la dépose sur une table ; tenant ensuite de part et d'autre les mains à quelques centimètres des deux extrémités de la baguette, il élève lentement les bras : la baguette est attirée, elle voyage

Fig. 6. — La baguette suspendue.

dans l'espace, monte, descend, verticalement, horizontalement ; elle danse gracieusement en mesure au son du piano, obéit au moindre signe, et finit par se poser de nouveau doucement sur la table; on peut l'examiner, elle ne présente rien d'anormal.

Un fil de soie, qui se termine par deux boucles

dans lesquelles le prestidigitateur fait passer le médius de chacune de ses mains, avait été fixé le long de la baguette magique au moyen de deux autres petits fils de soie, fortement noués près des deux bouts de celle-ci : voilà tout le mystère. A cinquante centimètres de distance le fil de soie est invisible, surtout le soir et quand l'habit du prestidigitateur est noir; on enlève les fils en les faisant glisser, avant de donner la baguette aux spectateurs pour la faire examiner.

Ce petit tour, l'un des plus simples, produit beaucoup d'effet; mais il faut y joindre une mise en scène convenable, y mettre beaucoup de naturel, et faire tous les gestes comme si une force invisible et mystérieuse soulevait et soutenait la baguette magique dans les airs.

II

ALLONGEMENT EXTRAORDINAIRE D'UN MOUCHOIR

yant emprunté un mouchoir pour une expérience quelconque, vous remarquez qu'il est un peu trop court, mais vous ajoutez aussitôt qu'il vous sera facile de lui donner des dimensions convenables. Saisissant en effet le carré d'étoffe par deux coins opposés suivant la diagonale, vous le faites tourner (fig. 7) sur lui-même, puis vous écartez les bras, en tirant sur le mouchoir; recommencez quatre ou cinq fois cette opération, vous serez vous-même surpris du résultat obtenu : le tissu cédant sous la traction, les fils qui le forment ne se croisent plus à angle droit, et le mouchoir prenant la forme d'un losange plus large que haut, s'allonge au moins d'un tiers (fig. 8).

Mais ce serait trop peu; aussi faut-il user de quelques artifices pour augmenter l'illusion.

Avant de faire le tour, tirez fortement sur les deux

Fig. 7. — Première position du mouchoir.

coins que vous allez laisser libres tout à l'heure; vous rendrez ainsi plus courte la diagonale destinée à devenir la plus longue, ce qui fera paraître plus sensible l'allongement obtenu.

Cachez de chaque côté, dans vos mains, une longueur de huit à neuf centimètres de mouchoir, que vous abandonnerez peu à peu, pendant que vous ferez tournoyer celui-ci sur lui-même, de manière à ne plus

Fig. 8. — Allongement du mouchoir.

tenir, à la fin de l'expérience, que tout à fait l'extrémité des deux coins.

Enfin, gardez, en commençant, votre corps droit, les jambes réunies et les coudes en dehors; terminez en écartant et en fléchissant les jambes, en portant les coudes en dedans et en élevant les bras; toute cette pantomime contribue à augmenter l'illusion. Certainement, plus d'un spectateur sera prêt à affirmer que le mouchoir est devenu au moins trois fois plus grand, alors que sa longueur apparente entre vos mains aura seulement doublé, à peu près.

Quand vous aurez acquis en prestidigitation une certaine habileté, approchez-vous insensiblement de votre table, tout en faisant tourner et en tiraillant le mouchoir que, par une feinte maladresse, vous laisserez tomber, au moment opportun, sur la *servante* accrochée derrière votre table; on pourra croire, si vos mouvements sont bien calculés, que vous avez rattrapé le mouchoir au vol. En réalité, vous aurez pris à sa place un immense mouchoir disposé là d'avance, et qui doit avoir au moins la dimension d'une serviette de table. Cachant dans vos mains une partie des extrémités de ce dernier, vous le ferez paraître d'abord de même longueur que celui que vous venez d'abandonner; peu à peu, à force de tirer sur l'étoffe et de laisser échapper ce qui en est renfermé dans vos mains, vous obtiendrez un nouvel allongement, qui paraîtra véritablement merveilleux.

Mais l'expérience est, du reste, déjà fort jolie sans cette dernière substitution, à laquelle il vaudrait mieux renoncer si l'on n'était pas certain de la faire avec la plus grande habileté.

Le tour du *mouchoir allongé* sert ordinairement de prélude à d'autres tours de mouchoirs.

III

LA PUISSANCE DU SOUFFLE

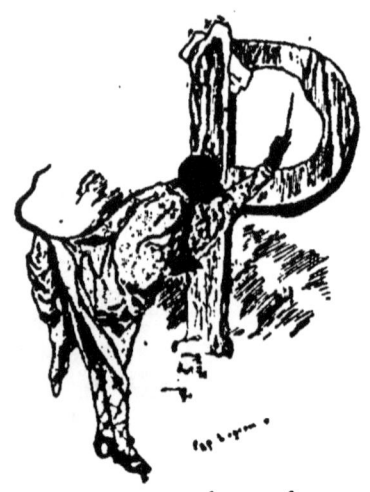

Pour défaire un nœud, même très serré, il suffit de souffler dessus : vous ne saviez pas encore cela !...

Prenez les deux coins opposés en diagonale d'un mouchoir; appelons a et a' le morceau que vous tenez dans la main droite, b et b' celui que vous tenez dans la main gauche.

Formez un premier nœud en faisant passer a derrière b et un second nœud en faisant passer encore une fois a derrière b en sens contraire (voyez la première position de la figure 9) : tirez ensuite fortement l'extrémité b et la partie b' qui se trouvent alors du même côté, c'est-à-dire à votre gauche; le nœud prendra l'apparence qu'il a dans notre deuxième figure, c'est-à-dire que b et b' n'auront plus aucune sinuosité et glisseront facilement entre les deux boucles formées par a et a'. Tirez un peu sur b' comme on le voit dans la troisième position du mouchoir, pour serrer le nœud, afin qu'on ne puisse se rendre compte de ce qui vient de se passer, et montrez de très près aux spectateurs le nœud que vous avez formé en faisant remarquer qu'il est très serré; recouvrez-le ensuite avec un des coins libres du mouchoir et, pendant que vos mains se trouveront ainsi cachées, achevez de retirer *b* (quatrième position), des deux boucles formées par le coin *a* du mouchoir : le nœud sera défait. Laissez cependant le bout *a* enroulé et serré sur lui-même pour qu'il continue à former un paquet dur, que vous présenterez comme le montre notre numéro cinq ; en tâtant par-dessus le mouchoir, on croira sentir encore le nœud, qui cependant n'existe plus. On souffle et le tour est joué.

Quand vous aurez acquis par l'expérience une certaine habileté, faites faire le double nœud, n'importe de quelle manière, par un spectateur et suivez attentivement du regard ses mouvements pour ne pas perdre de vue les portions du mouchoir qui, de l'un et de l'autre côté du nœud, appartiennent au même coin. En tirant brusquement et par petites saccades vous obtiendrez, quoique moins facilement, le même résultat qu'en disposant vous-mêmes le nœud comme nous avons dit plus haut.

Enfin les prestidigitateurs présentent souvent cette

expérience de la manière suivante : ils empruntent cinq ou six foulards de soie qu'ils font attacher les uns aux autres et qu'ils renferment dans un mouchoir ; on souf-

Fig. 9. — Le nœud défait.

fle, et tous les foulards sont séparés. Il faut, dans ce cas, opérer très rapidement, à mesure que l'on étale successivement l'un après l'autre les foulards attachés, aux yeux des spectateurs, sous prétexte de les leur montrer.

Voici une petite ruse qui peut rendre service à l'occasion. Si vous n'avez pu saisir la marche suivie par la personne qui a fait le nœud, et si vous ne savez pas sur quels bouts tirer pour former le double nœud coulant que montre notre deuxième numéro, ou encore si le nœud est trop serré pour que vous puissiez le défaire facilement, priez un spectateur de s'en charger pendant que vous compterez le nombre de secondes qu'il emploiera pour cette opération, et soyez plus attentif la seconde fois que l'on fera le nœud.

Enfin, examinez toujours, d'abord, si le mouchoir n'est pas trop usé, pour ne pas risquer qu'un petit bout vous en reste entre les doigts. Ce résultat pourrait faire croire à des réminiscenses classiques qui peut-être ne plairaient pas au propriétaire du mouchoir; la science a fait des progrès : on ne tranche plus le nœud gordien, un souffle doit suffire.

IV

UNE BAGUE DANS UN ŒUF

Certaines gens se méfient toujours, et cela bien à tort, des boîtes employées par les prestidigitateurs; quelque minces qu'en soient les parois, on les soupçonne de recéler un double fond. Je prendrai donc aujourd'hui, pour le voyage invisible d'un objet de petites dimensions, non pas une boîte, mais un œuf; oui! un œuf, absolument naturel; examinez-le de près, regardez-le par transparence; pas de double fond, n'est ce pas ?

« J'enveloppe dans ce morceau de papier un anneau que je viens d'emprunter, et je dépose le petit paquet sur cette table, à la vue de tous; d'autre part, je mets l'œuf dans ce coquetier que vous avez examiné et je dis : Passe !... C'est fait. Regardez bien mes mains, mes doigts, constatez qu'ils ne cachent aucun objet; je casse le dessus de la coquille de l'œuf, et, à l'aide de ce crochet en fil de fer j'en retire l'anneau; le papier où je l'avais mis est vide. »

C'est regrettable à dire, mais l'anneau n'a jamais été enfermé dans l'œuf; il n'a fait que traverser celui-ci. En feignant de l'envelopper dans un morceau de papier, notre magicien l'a conservé dans sa main, dont la fermeture était motivée par la présence de la baguette magique; il l'a placé, en allant prendre le coquetier,

Fig. 10. — Les supports pour la bague.

dans l'un ou l'autre des deux petits appareils que montre la figure 10; le premier est formé de trois morceaux de fer-blanc découpés dans une vieille boîte de conserves, et que l'on a fait souder ensemble; le second a été ciselé au canif dans un morceau de bois, ou fondu en cire à cacheter, ou bien encore pétri en mie de pain que l'on a laissé durcir ensuite.

En essuyant le coquetier avec une serviette, le prestidigitateur y introduit le petit appareil et l'anneau qui est ainsi maintenu verticalement; l'œuf, dont on a soin de fêler légèrement la pointe, est placé avec force sur l'anneau qui y pénètre, et que l'on retire ensuite, dégouttant de jaune d'œuf, au moyen du crochet.

Fig. 11. — L'anneau tiré de l'œuf.

Si l'on ne tenait pas absolument à faire examiner préalablement le coquetier par les spectateurs, les petits supports pour l'anneau seraient inutiles ; on se servirait tout simplement d'un coquetier en bois, au fond duquel on aurait pratiqué une petite mortaise.

En général, dans ce petit tour, ce n'est guère le coquetier que l'on soupçonne d'être préparé ; mais, par contre, les bons spectateurs examinent l'œuf avec la plus minutieuse attention !

V

VOYAGE INVISIBLE D'UNE CLEF

ne clef empruntée est enveloppée dans un papier et le petit paquet, noué avec une faveur rose, verte ou jaune, au choix des spectateurs, est remis à un jeune homme. Une autre personne de l'assistance est priée de désigner, de deux petits pains, celui qui devra servir à l'expérience ; l'autre pain est aussitôt coupé en morceaux pour que chacun puisse se convaincre que rien n'a été préparé d'avance.

Au commandement du prestidigitateur, la clef passe à l'intérieur du pain resté entier, placé à quelque distance sur un guéridon, et se trouve remplacée, dans le paquet que tient le jeune homme, par une superbe carotte.

Nous nous dispensons de donner au complet le boniment du prestidigitateur, nous bornant à indiquer le mode d'opérer.

Dans un chapeau, qui se trouve là, *par hasard*, ont éplacés secrètement, d'avance, trois petits paquets absolument semblables de forme et renfermant chacun une carotte; ces trois paquets sont ficelés avec des faveurs de couleurs différentes : une rose, une verte, une jaune, et le prestidigitateur a bien soin, quand il enveloppe la clef qu'on lui a prêtée, de donner à ce dernier paquet le même aspect qu'a ceux qui sont dans le chapeau.

Le choix des trois faveurs n'est proposé que dans le but d'écarter plus sûrement les soupçons de substitution opérée, qui pourraient naître dans la suite.

« Je place la clef dans ce chapeau... Comment ? Vous dites, Monsieur, qu'on ne verra pas ?... Si vous voulez, je confierai la clef à ce jeune homme, dit le physicien, qui a feint d'être interpellé par quelqu'un de l'assistance; mais en disant les premiers mots de sa phrase, il a introduit pour un court instant, dans le chapeau, le petit paquet qu'il tient maintenant élevé et bien en vue, comme s'il hésitait; seulement, une substitution vient d'avoir lieu à l'insu des spectateurs; la fraction de seconde pendant laquelle sa main était cachée dans le chapeau, a suffi à l'opérateur pour y déposer la clef, à la place de laquelle il a pris celui des trois paquets préparés qui était noué par une faveur de la couleur demandée un moment auparavant pour la clef. Ici, le prestidigitateur doit éviter de diriger ses regards vers l'intérieur du chapeau; c'est dans la coulisse qu'il aura dû examiner la position relative des trois paquets afin de pouvoir prendre à coup sûr, sans même y jeter un coup d'œil, le paquet qu'il lui

Fig. 12. — La clef et la carotte.

faut. C'est donc celui-ci qui est remis à l'enfant, tandis que, avec une feinte indifférence, le chapeau est posé derrière un meuble, un paravent, un objet quelconque, d'où le prestidigitateur pourra le prendre sans être aperçu, quand il ira dans la coulisse chercher les deux petits pains. L'un de ceux-ci a été entaillé en biais par-dessous en forme de demi-cercle, le couteau étant tenu presque parallèlement à la base du pain dont on enlève aussi une partie de la mie; rapidement, la clef retirée du chapeau, débarrassée du papier et de la faveur qui l'enveloppent, y est introduite, et le pain est replacé, à l'endroit, sur l'assiette à côté de l'autre.

« Un de ces petits pains, dit le prestidigitateur, servira à l'expérience, l'autre sera examiné par vous, et coupé en morceaux, pour que vous soyez convaincus qu'ils n'ont pas été préparés ; indiquez-moi vous-mêmes celui que vous désirez que je prenne... »

Comme on le voit, la phrase est équivoque : désigne-t-on le pain dans lequel est la clef ? « C'est donc celui-là qui doit me servir pour l'expérience ; coupons l'autre en morceaux, etc. » Désigne-t-on, au contraire, le pain non préparé ? « C'est celui-ci que vous voulez examiner ? » dit le physicien ; et, en même temps, sans attendre de plus amples explications, il découpe le pain sur une assiette.

Ce tour d'escamotage peut être varié de bien des manières ; tel que nous l'avons décrit, il produit beaucoup d'effet, et la préparation en est peu compliquée. Si l'on a un *servant*, il vaut mieux cependant éviter l'emploi du chapeau ; les trois paquets renfermant les carottes sont alors placés sur une tablette accrochée derrière la table; le prestidigitateur, en s'inclinant, pour nouer la faveur autour de la clef, fait tomber le tout sur la tablette, après s'être emparé vivement de l'un des trois paquets, le tenant caché dans la paume de la main gauche; cet échange ayant été fait le plus habilement possible, on continue, de l'air le plus naturel, à disposer artistement la faveur et à donner au nœud une forme élégante. Dans ce cas c'est le servant qui, après avoir enlevé la clef en passant derrière la tablette l'introduit dans l'un des petits pains qu'il apporte immédiatement au prestidigitateur.

VI

LES MOUVEMENTS INCONSCIENTS

Cette expérience est une des plus intéressantes que l'on puisse exécuter dans une société; elle a le don, par son aspect mystérieux, d'exciter vivement la curiosité et aussi de provoquer la gaieté.

Quelques lecteurs refuseront peut-être tout d'abord de croire aux résultats que nous annonçons, tant ils semblent merveilleux et inexplicables : qu'ils essaient, et ils seront convaincus.

Remarquons d'abord qu'il ne s'agit pas ici d'hypnotisme, comme on pourrait le croire, ni, en aucune façon, à notre avis, et bien qu'on nous ait soutenu le contraire, de suggestion mentale, avec ou sans accompgnement de somnambulisme. Nous sommes, il est vrai, et peut-être plus souvent que nous ne le croyons, les jouets de l'hypnotisme et de nos propres suggestions; mais laissons aux savants, théologiens, médecins, moralistes et psychologues, l'étude de cette mystérieuse et, disons-le, dangereuse science, qui ne peut ni ne doit être un simple objet d'amusement, et ne voyons dans notre récréation d'aujourd'hui que ce qui s'y trouve réellement, c'est-à-dire une application amusante des mouvements inconscients et involontaires.

Observez au jeu de boules ou au billard ce joueur qui a manqué d'habileté; sa boule ne prend pas exactement la route qu'il aurait voulu : il la suit des yeux, concentre sur elle toute son attention, se penche du côté vers lequel il voudrait la voir se diriger, et son attitude est parfois des plus comiques pour l'observateur : c'est là un exemple de mouvements inconscients.

Voyez encore ces braves gens attentifs au discours et aux grimaces d'un pitre, devant une baraque de foire; ils font d'une manière inconsciente les mêmes gestes que le comédien; leur bouche s'ouvre, se ferme, et se tord de mille manières, sans qu'ils s'en doutent seulement; leurs mouvements sont inconscients.

Tenez par son extrémité supérieure un pendule formé d'un morceau de ficelle de 50 centimètres, auquel est suspendu un caillou; posez votre coude sur une table, regardez attentivement ce pendule, et pensez à un mouvement d'oscillation dans un sens quelconque; au bout de peu d'instants votre pendule se balancera dans la direction pensée, sans que vous lui ayez imprimé *sciemment* aucune impulsion.

Enfin, c'est encore un mouvement inconscient que celui du mélomane dont le pied, la main, ou même la tête, battent la mesure du morceau de musique qui le charme.

Venons-en maintenant à notre expérience.

Une personne a les yeux bandés, et on la fait pirouetter trois au quatre fois sur elle-même pour l'étourdir un peu et lui enlever la notion de la topographie des lieux.

Deux autres personnes, choisies de préférence parmi les plus nerveuses de la société, se placent de chaque côté de la première, appuyant leurs mains sur ses épaules comme l'indique notre dessin, réunissant l'extrémité de leurs doigts et croisant leurs pouces l'un sur l'autre, de manière à former, par leurs mains réunies, une sorte de collier non interrompu autour du cou du patient, qui ne doit être touché que très légèrement (voyez la figure 13).

Celui-ci doit s'efforcer de ne penser à rien — ce qui n'est pas toujours facile, avouons-le — et d'agir tout-à fait machinalement.

Ses deux acolytes, au contraire, qui se sont mis d'accord à l'écart, concentrent fortement leur attention et leur volonté sur un objet présent dans la chambre et que la première personne devra toucher, transporter d'un lieu dans un autre, ou bien sur une action quelconque qu'ils veulent lui faire exécuter; surtout qu'ils ne se laissent distraire par quoi que ce soit, qu'ils ne s'inquiètent de rien et qu'un silence parfait règne dans l'assistance; la réussite est à ce prix.

On voit alors commencer une scène comique. Celui des trois personnages qui a les yeux bandés marche en tâtonnant dans toutes les directions, en avant, en arrière; il s'approche et s'éloigne tour à tour de l'objet qu'il doit prendre, en touche d'autres et revient au premier, s'il n'a pas, tout d'abord, après fort peu d'hésitation, accompli l'action qu'on demandait de lui.

Mais il faut, et nous ne saurions trop insister sur ce point, que la personne dont les yeux sont bandés évite soigneusement toute spontanéité; qu'elle ne cherche pas à se rendre compte de ce qu'elle fait, qu'elle ne poursuive pas un but déterminé, en un mot, qu'elle agisse exclusivement sous l'impulsion de ses deux guides, qui, par des mouvements inconscients et imperceptibles de leurs mains, la conduiront finalement à l'accomplissement de l'acte demandé.

Notre dessinateur montre une personne qui a été amenée par ce moyen à se servir un verre de vin et à le boire.

Maintes fois nous avons répété nous-mêmes cette expérience et nous l'avons fait exécuter par différentes personnes; quand on n'a pas réussi, ce qui a été relativement très rare, c'est que le patient cherchait à devi-

Fig. 13. — Les mouvements inconscients.

ner, agissait avec une idée préconçue, ou bien encore, ceux qui le conduisaient ne concentraient pas suffisamment leur attention et leur volonté sur le but à obtenir.

Voici, à titre d'échantillon, quelques-unes des expériences réalisées :

Prendre un chapeau à un porte-manteaux et le poser sur la tête d'une personne déterminée.

Ouvrir une porte et la fermer.

S'asseoir dans un fauteuil.

Se laver les mains.

Allumer ou éteindre une bougie.

Ouvrir un piano et faire de la musique.

Prendre une clef dans un tiroir et aller ouvrir un meuble dans une chambre voisine.

Allumer un cigare et le remettre à un fumeur.

Pour cette expérience de ce genre surtout, on se perfectionne par l'exercice; après un certain temps de pratique, les insuccès deviennent de plus en plus rares, et bientôt, l'on n'a plus besoin que d'un seul conducteur au lieu de deux : celui-ci étend alors à plat sa main sur celle du physicien.

Éprouvez-vous quelque difficulté à parvenir au but, insistez vivement pour dire à la personne qui vous conduit de penser avec plus d'attention, de vouloir avec plus de force; répétez-lui vingt fois : « Vous avez des distractions; vous ne pensez pas, vous ne savez pas vouloir. » Ces paroles ne manqueront pas de produire leur effet.

Ce sont les gens très nerveux et impressionnables qui obtiennent ici les plus grands succès; ils parviennent, tôt ou tard, à exécuter sûrement, et presque sans hésitation, ce qui leur est commandé, surtout quand ils sont dirigés par une personne douée elle-même d'un semblable tempérament.

VII

LE VERRE INVERSABLE

Si nous ne montrions à nos lecteurs que le seul numéro 1 de la figure 14, ils hausseraient peut-être les épaules en pensant que nous venons leur présenter à nouveau cette vieille expérience bien connue, qui consiste à retourner sens dessus dessous un verre plein d'eau, après avoir exactement appliqué sur ses bords une feuille de papier ; la pression atmosphérique, agissant sur le papier, maintient le liquide et l'empêche de tomber.

Qu'on se rassure, nous ferons un peu mieux.

Au moyen d'un éventail, nous agitons l'air brusquement par un mouvement de haut en bas pour faire tomber la feuille de papier, et, néanmoins, le liquide reste suspendu. Voyez le numéro 2, fig. 14.

Remettons le verre dans son vrai sens ; tout un chacun pourra s'assurer, en y plongeant le doigt, que nul obstacle n'existe à la surface du liquide, et que nos mains ne recèlent aucun objet; cependant le verre encore une fois retourné, est agité violemment en cet état, sans perdre une seule goutte de son contenu qui semble arrêté par une barrière invisible.

C'est là un des plus charmants tours de physique amusante que l'on puisse présenter; il était connu d'un bien petit nombre de prestidigitateurs qui en vendaient le secret bien cher, quand pour la première fois nous l'avons publié dans les *Veillées des Chaumières*.

Cette récréation, d'ailleurs, ne consiste pas dans un simple escamotage, mais réalise deux applications ingénieuses des lois de la physique, touchant la pression atmosphérique et l'adhérence des corps par capillarité.

Voici la manière d'opérer :

Il faut choisir un verre dont le pied et l'orifice aient le même diamètre, et forment une circonférence absolument régulière. De plus, les bords du verre seront plans de préférence, à angles droits et non convexes; on peut les user par un frottement circulaire sur une pierre bien unie, mouillée et saupoudrée d'émeri fin.

D'autre part, on aura eu soin de se munir d'une petite feuille mince de mica, découpée en rond avec des ciseaux, de manière à ce qu'elle puisse fermer le verre exactement, sans en dépasser les bords tout autour.

Ce disque de mica est dissimulé sous la feuille de papier qui couvre le verre. Pour retourner celui-ci, on applique fortement la paume de la main sur le papier, à travers lequel on sent très bien la feuille rigide de mica, qui, par ce moyen, est mise en place bien exac-

Fig. 14. — Le verre renversé.

tement, sans que les spectateurs puissent s'en apercevoir.

Le papier, qui s'est légèrement mouillé au contact des bords du verre, y reste adhérent; le coup d'éventail, ou un souffle énergique, le détache, et la feuille de mica, absolument invisible, empêche le liquide de se diviser et de tomber.

Que l'on veuille bien suivre avec attention la petite manœuvre que nous allons indiquer ici, et qui a pour but de rendre absolument invisible, même de très près, le disque de mica.

On remet le verre dans sa position normale en appuyant sur ses bords la paume de la main droite qui, en même temps, se saisit de la feuille de mica qu'elle enlève, comme on le voit au numéro 3 ; cette main se renverse, s'étend à plat (numéro 4), et la main gauche y dépose le verre sur le mica, qui, étant mouillé, adhère par capillarité au pied du verre. On peut donc, dès lors, tenir celui-ci simplement entre le pouce et l'index, afin de permettre aux spectateurs d'examiner la surface du liquide et les mains de l'opérateur.

Personne ne songera à l'existence possible du disque de mica sous le pied du verre avec lequel il fait corps et dont il a la transparence.

On peut répéter plusieurs fois l'expérience, en opérant en sens inverse : le verre est posé sur la main droite, qui reprend sous le pied la plaque de mica et la remet sur le verre pendant que celui-ci est retourné de nouveau sens dessus dessous.

On peut laisser facilement un tiers de vide dans le

verre, et y agiter assez fortement le liquide qu'il renferme, pourvu que les secousses ne soient pas exagérées, qu'elles se produisent bien verticalement et non d'une manière oblique ou transversale, ce qui aurait pour résultat de faire glisser la feuille de mica et de calmer, comme nous l'avons vu une fois, par l'inondation d'un verre d'eau froide répandu sur son crâne, tout l'enthousiasme de quelque joyeux spectateur.

VIII

LES PAPILLONS JAPONAIS

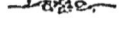

renez deux petits morceaux de papier à fleurs, rectangulaires, un blanc et un jaune si vous voulez; pliez-les par le milieu, et découpez-les en forme de papillons, comme on le voit à gauche, en haut de notre vignette. Avec un point imperceptible de cire à cacheter, fixez une des extrémités d'un mince fil de soie noire, long de 15 centimètres environ, sous le ventre de chacun des deux lépidoptères, et, enfin, au milieu de ce premier fil, faites aboutir l'extrémité d'un second fil attaché d'autre part à l'une des boutonnières de votre habit.

Posez ces papillons sur un bouquet de fleurs que

vous tiendrez de la main gauche, et, de la main droite, agitez, sous le bouquet, légèrement d'abord, puis un peu plus vite, un éventail que vous tiendrez verticalement. Le courant d'air ainsi produit fera voltiger les papillons, qui tantôt s'écarteront l'un de l'autre, tantôt se rapprocheront, puis se poseront sur les fleurs comme pour se reposer un peu, et s'envoleront de nouveau, selon que vous agiterez l'éventail avec plus ou moins de force.

Cette expérience demande, pour réussir, un peu d'adresse, et quelques minutes d'exercice : l'illusion produite est charmante.

Ce serait bien, peut-être, ici le cas de se livrer à quelque dissertation sur les effets résultant de forces qui agissent en sens contraire; mais ce serait peu amusant; contentons-nous de voir voltiger nos gracieux papillons, et laissons agir au hasard le courant d'air qui les fait monter, leur léger poids qui les fait descendre, et la résistance de l'air qui les rapproche quand le fil invisible de l'habit les attire.

Et, maintenant, d'où leur vient ce nom de *Papillons japonais*?

C'est que certains jongleurs, plus ou moins japonais de costume ou de nom, ont les premiers présenté ce tour, se gardant bien de laisser deviner le subterfuge du fil invisible, et faisant croire à leurs spectateurs que, par leur grande dextérité, ils parvenaient à se rendre maîtres de la course des papillons en papier, à l'aide du seul courant d'air produit par leur éventail

Fig. 15. — Les papillons en papiers.

habilement dirigé. Le fil est attaché préalablement par eux, en secret, aux deux feuilles de papier qui, pliées, sont mélangées avec plusieurs autres et les papillons sont découpés en présence des spectateurs, ce qui peut se faire aisément si l'on prend quelques précautions pour ne pas couper le fil invisible.

IX

LE MUR TRANSPARENT

e jeune sujet que j'ai l'honneur de vous présenter est un somnambule extra-lucide; il possède la curieuse faculté de voir à travers les corps les plus opaques; ainsi, il peut distinguer très nettement les objets qui se trouvent derrière un mur. »

On bande les yeux du *jeune sujet*, on le fait passer dans une chambre voisine, et les spectateurs posent sur une table un objet de leur choix.

Au milieu du plus profond silence, l'opération commence.

— Mettez vos lunettes !

La baguette magique trace en l'air des signes mystérieux et frappe quatre coups.

— Ne voyez-vous rien ?... Tenez, regardez bien... Regardez mieux encore...

La baguette frappe deux derniers coups sur la table, mais « le jeune sujet » n'a pas attendu ce moment pour s'écrier : « Je vois distinctement, c'est une montre! »

Explication. La première phrase commençait par un *m* : *Mettez vos lunettes;* puis, la baguette a frappé quatre

Fig. 15. — Voir à travers les murs.

coups, parce que *o* est la quatrième voyelle; les phrases suivantes ont commencé successivement par les lettres *n, t, r*, et les deux derniers coups frappés ont indiqué la deuxième voyelle : *e ;* or, *m, o, n, t, r, e,* sont les lettres qui forment le mot *montre.*

Pour la lettre *h,* on tousse. On peut même éviter les phrases et les coups de baguette pour les objets, toujours les mêmes, qui sont fournis le plus fréquemment par les spectateurs ; ainsi, on se mouche une fois pour une montre, deux fois pour un mouchoir ; on déplace la table pour une bague ; on dit *chut !* pour une tabatière ; *pst !* pour une paire de lunettes, etc.

Et voilà comment, avec les yeux bandés, on peut voir les objets à travers un mur.

Dans le volume qui fera suite à celui-ci et qui est en préparation, on trouvera l'indication de divers autres moyens employés pour simuler la double vue.

X

ASSIETTE CASSÉE

ue je suis donc maladroit d'avoir ainsi brisé, en vingt morceaux, cette magnifique assiette en porcelaine de Chine (à un franc la douzaine)! Ramassons-en tous les morceaux et essayons de la raccommoder.

« Je charge, avec les débris, en guise de projectiles, ce petit pistolet de poche (un énorme pistolet tromblon), souvenir d'un de mes amis, brigand de la Calabre : je vise... la poitrine de monsieur!... non, le chapeau de madame... on proteste ! Je viserai donc ce mur... mais il est trop clair, ah! voici justement un fond de la nuance convenable, et qui fera très bien ressortir la blancheur de mon assiette : ce vieux rideau noir oublié sur cette chaise. En joue... feu ! »

Le coup part, et l'assiette raccommodée est sur la chaise ; mais il y manque un morceau.

« Étourdi que je suis ! s'écrie à cette vue le prestidigitateur, je n'avais donc pas ramassé tous les débris ? Eh bien, chargeons une seconde fois le pistolet avec le petit morceau que je viens de retrouver, et de nouveau : feu ! »

Maintenant l'assiette est entière ; on la fait passer sous les yeux des spectateurs.

— Votre assiette est fêlée, monsieur le magicien, s'écrie quelqu'un : voyez plutôt.

Le prestidigitateur paraît désappointé ; d'un air navré il regarde sa belle assiette en porcelaine de Chine, où des fêlures se dessinent en tous sens ; mais il se rappelle heureusement qu'il possède un petit foulard magique, capable de réparer toute espèce de dégâts ; il en frotte bien vite l'assiette qui, dès lors, paraît sortir de la fabrique et ne porte plus trace de fêlures.

Ce tour si merveilleux ne demande cependant que des préparatifs assez simples.

Sur une chaise recouverte d'un drap noir, posez, comme l'indique notre vignette (fig. 17), une assiette entière sur laquelle vous aurez imité avec quelques traits de crayon, des fêlures prenant toutes les directions. Appliquez ensuite sur le bord de l'assiette un petit morceau de papier noir, coupé en forme de triangle isocèle, dont le petit côté sera replié derrière l'assiette, et fixé avec un peu de cire à cacheter noire à un fil de

Fig. 17. — L'assiette brisée.

soie noire ; l'autre extrémité de ce fil aboutira entre les mains d'un servant, dans la coulisse ou dans une chambre voisine.

Coupez enfin un morceau de drap noir carré, assez grand pour cacher complètement l'assiette ; aux deux angles supérieurs de l'étoffe seront cousus les deux bouts d'un fil de caoutchouc dont le milieu fera le tour d'une petite pointe enfoncée derrière le dossier de la chaise; en cet état, le carré de drap doit rester suspendu plus haut que l'assiette et laisser celle-ci à découvert. Saisissez ensuite l'étoffe par le bas, au milieu, et, tirant sur le fil de caoutchouc, faites-la descendre devant l'assiette et fixez-la par ce même point où vous l'avez saisie, au siége de la chaise, au moyen d'une épingle piquée horizontalement et dont la tête devra être attachée à un second fil noir également aux mains du servant.

A une petite distance, et surtout si des lampes à réflecteur sont placées dans le voisinage, en avant de la chaise, il est impossible de distinguer cette étoffe superposée; pour les spectateurs, un rideau noir est là, jeté négligemment sur une chaise, prise au hasard comme cible.

Au moment où part le premier coup de feu, le servant tire le fil auquel est attachée l'épingle, et le morceau de drap, ainsi mis en liberté, est brusquement entraîné par le caoutchouc; si, à l'essai, on remarquait qu'il dépasse, en sautant, le dos de la chaise, on coudrait à ses angles inférieurs, pour le retenir, des fils qui seraient fixés d'autre part à la chaise.

L'apparition instantanée de l'assiette sur ce fond noir qui n'a pas changé en apparence, semble merveilleuse.

Au deuxième coup de pistolet, le servant tire le fil attaché au triangle de papier noir, qui faisait croire qu'un morceau manquait à l'assiette, et celle-ci apparaît complètement raccommodée ; le petit foulard magique perfectionne l'ouvrage en effaçant les fêlures dessinées au crayon.

XII

UN FOULARD MERVEILLEUX

e petit carré d'étoffe rouge que voici, est formé d'un tissu merveilleux, il change de couleur quand on le frotte entre les mains; et cependant, il ressemble à de la soie ordinaire. Je vous prie, madame, de me dire ce que vous pensez de la qualité de l'étoffe? — Très fine, dites-vous, peu solide! c'est bien aussi mon avis. — De quelle couleur vous semble-t-il qu'elle soit? — Rouge. C'est curieux, je lui trouve, pour le moment, la même couleur. Mais nous allons opérer un changement de nuance; voyez, je frotte le foulard entre mes mains, comme ceci : il est devenu vert; je le frotte une seconde fois, il est blanc; une troisième fois, le voilà jaune; on peut l'examiner de près chaque fois; je continue : le petit foulard est bleu maintenant; enfin, je le frotte une dernière fois, un peu plus fort : « Monsieur, prenez-le de mes mains... Il a disparu, il s'est évaporé. »

Ce petit tour est d'un charmant effet ; bien que les prestidigitateurs le mettent, sur leurs programmes, au nombre de ceux qui ne sont produits que par la dextérité des doigts, son exécution dépend surtout du petit accessoire qui est représenté en haut, à droite, dans la figure 18, et que l'on se garde bien de montrer.

C'est un petit sac en cuir, autant que possible couleur de chair, divisé intérieurement en quatre ou cinq compartiments, suivant le nombre de transformations que l'on veut faire subir au petit foulard ; on le confectionne en posant l'un sur l'autre le nombre voulu de morceaux de cuir que l'on réunit ensemble en les cousant tout autour suivant leurs bords, ne laissant de libre que l'ouverture à laquelle viennent s'attacher, de chaque côté, les deux extrémités de deux fils en caoutchouc. Quatre fils tiennent ainsi le sac ; un seul, assez fort, suffirait à la rigueur, mais il serait plus visible, si, par mégarde, on venait ensuite à tourner vers les spectateurs la paume de la main gauche.

Au milieu des fils de caoutchouc, on fait une espèce de nœud coulant par lequel ils sont attachés à la boucle du pantalon du prestidigitateur, tandis que le petit sac de cuir est caché dans la poche de gauche de son gilet ; chacun des compartiments du sac est garni d'un petit foulard de couleur différente, mais de tissu et de forme semblables à celui qui est montré d'abord à l'assistance.

Tout en relevant les manches de son habit, ou bien

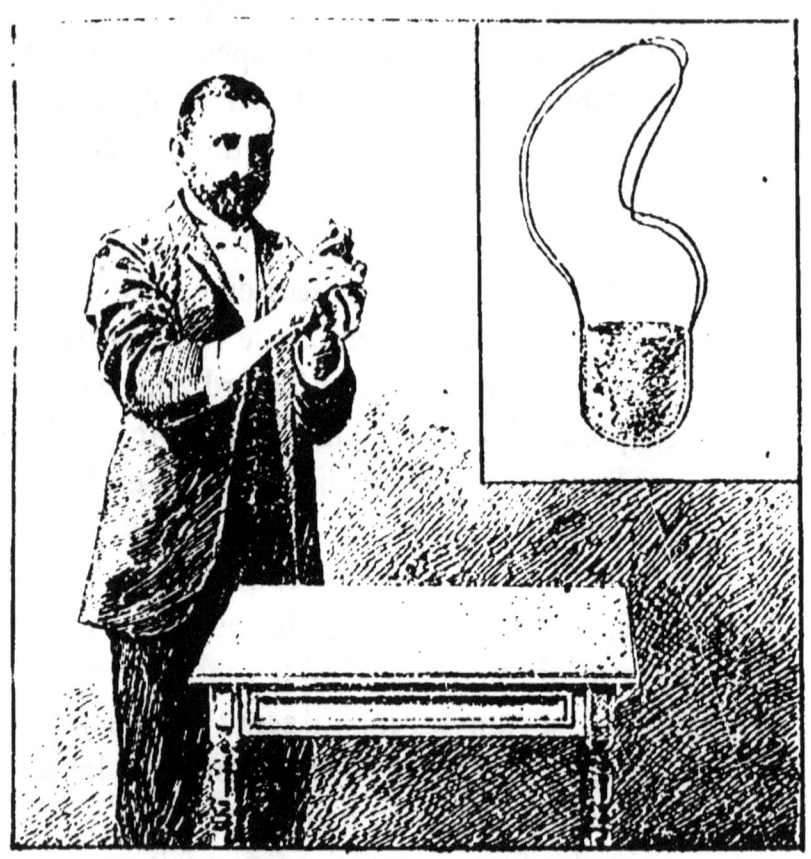

Fig. 18. — Le foulard muticolore.

en retournant à sa place, le magicien prend secrètement dans son gilet le petit sac, qu'il cache dans la paume de sa main gauche ; dès ce moment, il se tient de profil pour que son poignet cache aux spectateurs les fils de caoutchouc attachés au petit sac, et qui sont d'autant moins visibles qu'ils sont tendus maintenant et, par là, plus minces.

Le foulard rouge, frotté entre les mains, est introduit dans le premier compartiment du petit sac, et le foulard vert, sorti du compartiment voisin ; puis, c'est le tour du foulard blanc, et ainsi de suite, jusqu'à ce que tous les changements de couleurs aient été obtenus. Le foulard est toujours montré de la main droite, pendant que la main gauche se trouve appuyée négligemment, dans une attitude naturelle, contre la poitrine.

Quand il s'agit enfin de faire disparaître le foulard, le prestidigitateur a l'air de le frotter entre ses mains, comme précédemment, tout en faisant aller ses bras d'avant en arrière ; mais à un moment donné, quand ses mains sont près de sa poitrine, il lâche le sac qui, entraîné par les caoutchoucs, va se placer derrière son dos ; il n'en continue pas moins « à frotter le foulard » sans modifier ses mouvements, si ce n'est qu'il approche de moins en moins les bras de sa poitrine ; il ouvre ses mains vides quand le spectateur interpellé se dispose à y prendre le tissu merveilleux « qui s'est évaporé. »

Évitez, si vous exécutez ce petit tour, la mésaventure arrivée à ce prestidigitateur qui, ayant mal calculé les proportions des pans de son habit, trop courts, et des fils de caoutchouc, trop longs, fit voir à toute l'assistance, en retournant à sa table, le petit sac qui dansait gracieusement au bout de ses ficelles, et montrait même quelques coins multicolores des petits foulards mal remis à leur place.

XIII

LE FOULARD ET L'ŒUF

essieurs, voici un œuf frais; je le mets dans la poche de mon habit. Voici, d'autre part, le petit foulard que vous connaissez bien et qui nous servira encore pour maint charmant escamotage. Regardez comme je le roule entre mes mains; il y entre peu à peu... il est entré. — Monsieur, savez-vous ce que je tiens dans mes mains? — Belle question! le petit foulard. — Non pas, voyez : j'ai, entre les mains, l'œuf que j'ai mis tantôt dans ma poche et dont le foulard est allé prendre place. »

Disons tout de suite, que pour éviter de voir soupçonner ses manches, le prestidigitateur les avait retroussées jusqu'aux coudes; que l'œuf n'a pas été placé dans la poche intérieure de l'habit, mais que, introduit à côté, dans la doublure, il est allé se loger plus loin et plus bas; enfin, qu'un petit foulard, semblable au premier, était placé d'avance dans la poche de l'habit.

Sous le foulard que l'on présente, est caché, dans la main, un œuf préparé, qui est vide et percé d'une ouverture ovale, assez large pour que l'on puisse, au moyen des deux pouces, y introduire le foulard.

Voici la manière de préparer cet œuf, qui serait beaucoup trop fragile si la coquille n'en était pas renforcée.

Commencez par tracer l'ovale sur la coquille avec une plume trempée dans du vinaigre fort; laissez agir l'acide un moment, essuyez, et recommencez l'opération jusqu'à ce que la coquille soit suffisamment ramollie sous le trait pour que, avec la pointe d'un canif, vous puissiez, au moyen de petits coups réitérés, frappés suivant la ligne tracée, enlever le morceau, sans faire d'éclats, ni fêler le reste de la coquille.

Videz l'œuf, essuyez-le à l'intérieur avec un peu de ouate et laissez-le sécher.

Découpez en bandes larges de un centimètre, une ou deux feuilles de papier de soie, et, avec de la colle de pâte, fixez d'abord une ou plusieurs bandes à cheval tout autour sur les bords de l'ouverture ovale; collez ensuite en tout sens, dans la coquille contre laquelle vous les appliquerez exactement, des bandes de papier, de manière à en recouvrir complètement l'intérieur;

laissez sécher, et recommencez autant de fois qu'il sera nécessaire, pour donner à votre coquille une épaisseur uniforme de trois à quatre millimètres.

Cette coquille, ainsi préparée, est de beaucoup pré-

Fig. 19. — L'œuf préparé.

férable à l'œuf en fer-blanc qu'emploient les prestidigitateurs et qui, n'ayant le plus souvent ni la forme, ni la teinte, ni le poli voulu, ne peut être montré que de loin; notre œuf, au contraire, peut être mis sous les yeux des spectateurs, pourvu qu'on en tourne l'ouverture vers la paume de la main.

Le même tour d'escamotage est fort joli aussi avec une orange que l'on prépare comme suit :

Ayant découpé l'ouverture ovale dans le fruit, avec un canif, on en vide le contenu avec une petite cuiller, et on remplit complétement l'écorce de sable fin bien sec; puis, on l'enveloppe dans un linge de toile mince que l'on serre tout autour et dont les quatre coins sont réunis et maintenus ensemble avec du fil; on suspend le tout à l'air et on change le sable tous les jours, jusqu'à ce que l'écorce soit sèche; on la renforce ensuite à l'intérieur comme la coquille d'œuf, mais en employant, ici de préférence, la colle forte; on termine en passant extérieurement sur l'écorce une mince couche de vernis à l'alcool, ou de gomme arabique dissoute dans l'eau, pour lui rendre le brillant que la dessication lui a fait perdre.

XIV

VOYAGE D'UN PETIT FOULARD ET D'UNE BOUGIE

« M onsieur, rendez-moi le service de tenir un instant, à la vue de tous les spectateurs, ce petit foulard que j'enveloppe dans un journal ; vous, mon petit ami, prenez cette bougie que j'éteins et que nous mettons dans un autre papier ; c'est avec intention que je donne le même aspect et les mêmes dimensions à nos deux petits paquets. Du bout de ma baguette magique je vais prendre d'une part le foulard, de l'autre la bougie et les faire changer de place. — Foulard, passez dans l'enveloppe de la bougie ; et vous, bougie... dans celle du foulard. Ouvrez les paquets : c'est fait ! »

Avez-vous déjà donné parfois des séances de prestidigitation ? Si oui, vous avez remarqué combien certains spectateurs se méfient des manches de l'habit du prestidigitateur. Un objet a-t-il disparu ? « Dans la manche! » s'écrie-t-on, de tous côtés. Un autre objet apparaît-il soudain? « Il sort de la manche! » chante le chœur... des étourdis ou des gens mal élevés ; car les personnes sensées, tout au plaisir qu'on veut leur causer, se garderaient bien de priver les autres de la jouissance de l'illusion, si même elles avaient réellement découvert quelque chose. Il est bien rare cependant que les manches soient de quelque utilité en prestidigitation ; on comprend combien les moindres gestes seraient rendus gauches et difficiles si l'on devait conserver, même peu de temps, dans la manche, des pièces de monnaie, des muscades ou d'autres objets·

Aujourd'hui, toutefois, il faudra faire exception à cette règle générale, pour le petit voyage du foulard et de la bougie ; et, quand vous présenterez à vos spectateurs, de la main droite, le petit carré de soie rouge, vous aurez, cachée dans la manche gauche de votre habit, une bougie de même longueur que celle qui brûle dans un chandelier à votre portée.

Le foulard ayant été examiné par l'assistance, passez derrière votre table et prenez-y un grand journal déposé là d'avance et dans lequel, dites-vous, vous allez envelopper le foulard ; mais, tandis que le papier, déployé, cachera votre manœuvre, laissez tomber le foulard dans une petite boîte accrochée derrière la table, et en même temps, de la main droite, sortez la bougie cachée dans la manche gauche, et roulez-la dans le papier que vous éviterez de serrer tout autour; retournez aussitôt vers les spectateurs, tout en terminant le paquet, en sorte que vous n'ayez fait que passer

Fig. 20. — Le foulard et la bougie.

derrière la table, juste le temps nécessaire pour laisser tomber le foulard dans la boîte.

Nous donnerions cependant, pour cette expérience, la préférence à la petite *servante,* qu'on accroche au dossier d'une chaise et que nous avons décrite dans l'introduction; on pourrait même, pour la circonstance, remplacer la *servante* par deux simples crochets en fil de fer auxquels le foulard resterait suspendu.

Le petit paquet de forme allongée que vous aurez obtenu, devra être saisi des deux mains, à ses extrémités, par la personne à qui vous le remettrez, de manière à ce qu'elle puisse moins facilement y remarquer, au poids, la présence de la bougie.

Pour le second paquet, prenez bien ostensiblement la bougie qui brûle dans le chandelier sur la table; éteignez-la, enveloppez-la dans un papier blanc, en laissant remarquer, sans affectation, que nul autre objet ne se cache dans vos mains ou dans le papier.

Ce que personne ne soupçonne alors, c'est que la bougie en question n'est qu'un tube formé d'une petite feuille de papier blanc, qui cache un foulard semblable au premier; dans le haut de ce tube est introduit, à frottement dur, un petit bout de bougie qui a tout au plus un centimètre de longueur : notre vignette fait voir cette bougie. Nous avons supposé dans le papier une déchirure qui montre aux lecteurs le foulard caché à l'intérieur (fig. 21).

Pour préparer cette fausse bougie, on prend un carré de papier blanc, glacé de préférence, de longueur égale à celle de la bougie qui sera cachée dans la manche, et de largeur égale à quatre fois son diamètre; on enroule ce papier dans le sens de la longueur autour de la bougie neuve, et l'on applique un des grands côtés, enduit de colle, sur l'autre, en serrant bien le papier sur la bougie ; celle-ci est retirée quand la colle est sèche ; à sa place, on met le foulard, et par-dessus on

Fig. 21. — La fausse bougie.

fait entrer, à un demi-centimètre seulement de profondeur, dans le tube en papier, le petit bout de bougie qui ne sera allumé que peu d'instants avant le commencement de l'expérience ; même de très près, quand on n'est pas prévenu, on croit voir une bougie ordinaire.

Lorsque le « changement de place » des deux objets a été opéré, c'est le prestidigitateur lui-même qui saisit le paquet qui renferme la fausse bougie; il le déchire par le milieu et le foulard apparaît, car le tube de papier blanc est déchiré du même coup que celui qui formait l'enveloppe, avec lequel il est roulé en boule serrée que l'on jette négligemment de côté; personne n'y soupçonne la présence du petit bout de bougie qui occupait une des extrémités du paquet. Aucune précaution n'étant requise pour l'ouverture du second paquet, il vaut mieux en charger la personne même qui le tient.

Ce tour d'escamotage nous rappelle un vieil amusement de société, qui consiste à placer une feuille de papier blanc bien en vue dans une chambre, mais de telle façon qu'une personne, absente pendant qu'on mettra en place ce papier, ne puisse le trouver ensuite, tout en l'ayant sous les yeux.

Deux solutions se présentent : le papier est roulé autour d'une bougie qui se trouve dans la salle; ou bien, on en recouvre soit la manchette soit le plastron de chemise — avec des plis convenables au besoin — d'une personne de la société. L'infortuné, chargé de chercher le papier, ne peut l'apercevoir dans ces conditions et finit par renoncer à le trouver, bien qu'il l'ait continuellement devant lui; on peut même pousser l'ironie jusqu'à lui mettre en main, pour l'inviter à s'éclairer, le chandelier qui supporte la bougie et l'introuvable morceau de papier.

XV

LES PIÈCES DE MONNAIE ANIMÉES

e tour consiste à lancer successivement trois pièces de cinq francs en argent contre les parois intérieures de trois cuvettes posées sur une table : sans cause apparente, les pièces continuent indéfiniment leur course circulaire, inclinées vers le fond du vase et perpendiculaires à la surface où s'opère leur trajet.

On ne voit pas tout d'abord très bien à quelle force obéissent ainsi les trois pièces d'argent, ni de quelle manière elles peuvent conserver leur mouvement.

Ce mouvement résulte de deux forces différentes : la force centrifuge, en vertu de laquelle tout mobile qui décrit une courbe, tend à s'écarter de son centre de rotation, et la pesanteur, qui tend à faire descendre les pièces sur le plan incliné des bords de la cuvette ; la force centrifuge augmente ou diminue en proportion de la vitesse de translation de la pièce ; il suffit donc, qu'au moment où celle-ci est près d'atteindre dans son trajet circulaire le fond de la cuvette, on imprime au vase une secousse qui, donnant une nouvelle impulsion à la pièce, augmente la rapidité de sa course et la fait ainsi remonter sur les parois du vase.

Le prestidigateur a soin de dissimuler le mieux possible les mouvements qu'il fait dans ce but : saisissant, sous un prétexte ou sous un autre, chaque cuvette tour à tour, les portant même toutes trois dans ses bras et passant au milieu des spectateurs « pour leur montrer de près le phénomène ». Il y a là un mouvement à saisir et il faut une certaine habileté pour bien réussir l'expérience ; chacun cependant peut y arriver graduellement.

Commencez par prendre une seule cuvette que vous tiendrez posée à plat sur votre main gauche étendue ; de la main droite, lancez la pièce de cinq francs, de telle sorte qu'elle se tienne, non pas verticale, mais perpendiculaire à la paroi du vase, et soit inclinée, par conséquent, vers le fond ; en même temps, imprimez à la cuvette un mouvement imperceptible de rotation. Quand votre pièce marchera à souhait, exercez-vous à maintenir le mouvement en tenant la cuvette par le bord ; puis posez-la, pendant un instant, sur la table, où vous la laisserez de plus en plus longtemps, vous efforçant de ne la toucher que le plus brièvement possible.

Arrivé à ce point d'habileté, lancez une deuxième pièce dans une deuxième cuvette; un peu de persévérance, et vous réussirez avec trois cuvettes; enfin sans interrompre la course des pièces, vous parvien-

Fig. 22. — Les pièces et les cuvettes.

drez à circuler en portant deux cuvettes dans vos bras; c'est d'ailleurs là le meilleur moyen de dissimuler complètement les mouvements légers qu'on leur imprime.

Nous avons vu un prestidigitateur fort adroit, qui faisait ainsi rouler jusqu'à six pièces, deux dans chaque cuvette.

Voilà une expérience que les impatients abandonneront peut-être bien vite, mécontents de ne pas réussir du premier coup; disons tout de suite, pour leur éviter même la peine d'essayer, qu'il faut en moyenne dix minutes d'exercice pour arriver à faire tourner d'une manière satisfaisante une seule pièce dans une seule cuvette, à condition de n'avoir pas les nerfs agacés; mais que les plus adroits peuvent réussir du premier coup. On ne saurait, croyons-nous, réussir convenablement l'expérience avec trois cuvettes, qu'après un certain nombre de jours, comprenant chacun quelques quarts d'heure d'exercice.

XVI

VOYAGE INVISIBLE DE DEUX PIÈCES DE MONNAIE

Deux pièces de cinq francs, empruntées à des spectateurs et marquées par eux, sont déposées ostensiblement dans une tasse placée bien en vue sur une table. Le prestidigitateur se rend ensuite au fond de la salle d'où il commande à ces pièces de monnaie de se rendre invisiblement dans sa baguette magique; en effet, il les en retire aussitôt l'une après l'autre, non sans effort; en même temps on peut constater que la tasse qui les avait reçues et dans laquelle tout le monde les avait entendu tomber, est vide maintenant.

Notre vignette dévoile le mystère. Dans sa main gauche, dont il tenait la baguette magique, le prestidigitateur dissimulait deux autres pièces de cinq francs, qu'il a jetées dans une seconde tasse placée sur une tablette derrière sa table (voyez la figure 23), en même temps qu'il faisait, de la main droite, le geste de mettre

Fig. 23. — La pièce dans la tasse.

dans la première tasse celles qu'on venait de lui prêter et qu'il retenait secrètement dans la paume de la main ou bien entre le pouce et la racine de l'index.

La simultanéité des deux mouvements rend l'illusion complète à trois pas de distance : personne ne doute que les pièces ne soient réellement tombées dans la tasse que l'on a devant les yeux.

La baguette magique est passée dans la main droite pour en motiver la position fermée. Le reste de l'expérience se passe d'explication.

XVII

ESCAMOTAGE D'UNE PIÈCE DE MONNAIE

Priez un spectateur de tenir une pièce de monnaie, de dix centimes, par exemple, à travers un mouchoir et de la laisser tomber, d'une certaine hauteur, à votre commandement, sur une assiette placée au-dessous.

Au moment où l'on entend distinctement le choc de la pièce qui vient de tomber, vous enlevez le mouchoir de la main gauche; il n'y a plus rien sur l'assiette. Où donc a passé la pièce de monnaie?

Vous la retirez du nez ou de la poche d'un spectateur ébahi. C'est bien celle que l'on vous avait confiée, le signe dont elle avait été marquée préalablement, à votre insu, en fait foi.

Notre figure 24, vous explique le mystère. Une seconde pièce de dix centimes, percée d'un petit trou, a été attachée à un bout de fil blanc long de 20 centimètres environ, terminé, à l'autre extrémité, par une épingle recourbée formant crochet, qui a permis de la suspendre, en un tour de main, au mouchoir emprunté ;

Fig. 24.

c'est cette seconde pièce qui est tenue à travers le tissu, ce que personne ne peut soupçonner, et l'opérateur conserve tout simplement la première pièce dans sa main fermée, de laquelle il tient en même temps, pour en motiver la fermeture, la baguette magique.

Quand le mouchoir est enlevé, la seconde pièce se trouve entraînée en même temps par le fil, et point n'est besoin d'une grande habileté, pour feindre de re-

Fig. 25.

tirer du nez, ou de la poche de quelqu'un, celle que l'on avait conservée en main.

Dans cette récréation on peut remplacer la pièce de monnaie par les objets les plus divers : un fruit, un bouton de manchette, un rond de serviette; il suffit que l'on ait un double de ces objets.

L'expérience devient encore plus intéressante si on emploie une petite boîte ronde en carton, comme celles où les pharmaciens mettent les pilules, et dans laquelle les spectateurs auront placé des timbres-poste, des épingles, des billets ou autre chose du même genre, formant un très petit volume. Le prestidigitateur conserve secrètement cette boîte dans la paume de sa main et fait tenir sous le mouchoir, une boîte semblable qui est vide, et qui est attachée, comme la pièce, au moyen d'un fil et d'une épingle recourbée en crochet.

XVIII

LA PIÈCE DE MONNAIE ENSORCELÉE

C'est un des plus vieux tours de physique amusante; il est connu de tous les prestidigitateurs; tout le monde l'a vu, et cependant il amuse toujours et surprend ceux qui n'en connaissent pas le secret. Nous recommandons de le représenter avec la légère modification que nous y avons apportée.

Une pièce de cinq francs, empruntée à un spectateur et marquée, est jetée dans un verre; une cloche de verre, — une cloche à fromage si l'on veut, — recouvre le tout, et voici que la pièce se met à danser dans le verre au son de la musique et répond aux questions qu'on lui fait : pour dire *oui*, elle saute, pour dire *non*, elle reste immobile, pour saluer elle saute deux fois.

Ayant reçu la pièce de monnaie, faites-la marquer avec un poinçon et tenez-la entre le pouce et l'index de la main gauche. Arrivé près de votre table, prenez de la main droite la baguette magique, et en même temps ramassez sur la table une boulette de cire, attachée à un fil de soie noire, dont l'autre extrémité est à ce moment entre les mains d'un *servant* caché dans la coulisse, derrière un paravent ou dans une chambre voisine. Faisant passer la pièce dans la main droite, geste qui paraît tout naturel, appliquez-y la boulette de cire, et jetez-la dans le verre que vous recouvrirez de la cloche. Les bords de cette cloche ne devront pas être parfaitement en contact avec la table en tous leurs points : si la cloche était absolument régulière, ce qui est rare, une aiguille, *oubliée* là, et sur laquelle on en appuierait l'un des côtés, produirait une irrégularité de surface suffisante pour que le fil puisse glisser aisément entre le bord de la cloche et la table.

Si l'on n'a pas de cloche, ni de grand vase en verre — un pot à cornichons par exemple — qui puisse la remplacer, on pose le verre, sous prétexte de l'isoler de la table, sur un livre relié, où l'on a enfoncé, dans la tranche de l'un des cartons de la couverture, une épingle recourbée en forme de boucle; on y passe le fil, pour que le verre ne puisse être entraîné ou renversé.

Il est indispensable de choisir un verre un peu lourd. S'il était trop léger on y jetterait d'abord, au moyen d'une fable quelconque, deux ou trois autres pièces pour en augmenter la stabilité.

Le servant, chargé de faire danser la pièce, doit tirer sur le fil de petits coups secs, et le laisser aussitôt retourner en arrière, sans cela la pièce pourrait demeurer

Fig. 26. — La pièce dans le verre.

suspendue dans le verre, ce qui dévoilerait le *truc*.

Il y a des prestidigitateurs qui emploient une seconde pièce, percée d'un petit trou dans lequel passe le fil qui peut ainsi y être attaché solidement. Voici comment on peut, dans ce cas, faire l'échange des deux pièces.

On jette deux ou trois fois avec force sur la table la pièce empruntée « pour voir, d'après le son qu'elle rend, si elle est bien en argent, car avec une pièce fausse, l'expérience ne réussirait pas »; la dernière fois, au lieu de ramasser la pièce qu'on vient de jeter, on prend, à sa place, celle qui est attachée au fil et qui a dû se trouver prête à cette même place. La danse terminée, on retourne le verre pour faire tomber la pièce sur la table, aussi près que possible de celle qui a été empruntée, ce qui permet de reprendre celle-ci pour la rendre à son possesseur.

On emploie aussi parfois, pour faire sauter la pièce, un verre dont le pied est percé; une aiguille à tricoter, retenue par un ressort et dont la disposition est facile à imaginer, sort de la table sous l'action d'une pédale, ou d'un fil tiré par le *servant*; ce système permet de faire mettre la pièce dans le verre par une personne de l'assistance.

Nous laisserons, à nos lecteurs, le soin d'imaginer tout le parti qu'on peut tirer de la *pièce ensorcelée*, dans une séance de magie. Elle désigne une carte tirée, en répondant aux questions suivantes : Est-ce une rouge, une noire, une figure, une basse carte; elle compte les points que porte la carte; elle dit le total d'une addition, en désignant successivement le chiffre des unités, celui des dizaines, etc.; enfin, elle dit le nombre de points amenés par deux dés pipés, le nombre de points qui terminent, de chaque côté, une rangée de dominos à la fin d'une partie; elle peut être présentée en même temps que différentes récréations qui font partie de ce recueil, et auxquelles alors elle sert d'accessoire.

Nous avons connu un prestidigitateur qui faisait indiquer à la pièce, *les degrés de sensibilité* de différents spectateurs; il invitait d'abord un gros monsieur à toucher sa baguette, et la pièce frappait aussitôt six coups : « Six degrés de sensibilité! disait le physicien; monsieur, c'est une bonne moyenne, ni trop, ni trop peu. » S'adressant à une dame d'un âge mûr, il comptait : « Un,... comment, c'est tout? ce n'est guère, madame », et tout le monde riait. Notre homme allait alors auprès d'un vieux monsieur, que, de gré ou de force, il touchait de l'extrémité de sa baguette, et la pièce comptait lentement : Un, deux, trois..., neuf, dix..., quatorze, de plus en plus vite, et finissait par une danse folle, interminable; le prestidigitateur était obligé d'aller renverser le verre pour obliger l'indiscrète à se taire. On recommençait, et la pièce disait le rang occupé par la personne la plus intelligente, la plus laide ou la plus bête de la société.

Nous n'avons pas à dire ici ce que nous pensons de

mystifications de ce genre, adressées à des dames et à des vieillards, ou à n'importe qui, en dehors de l'intimité la plus grande. Mais si l'on en juge d'après ce que racontent certains vieux livres d'escamotage, c'était bien pis autrefois. Maint prestidigitateur ne voyait sa salle comble, que grâce aux plaisanteries de tous genres dont il accablait certains spectateurs, ceux qui avaient, comme on disait, « une tête ». Cette mode a disparu, ou à peu près, et la plupart de nos prestidigitateurs en renom, sont aujourd'hui, au moins dans leurs séances, de parfaits *gentlemen*.

XIX

LES EFFETS DE L'ÉVAPORATION

Nous ne saurions mieux terminer la série de récréations qui se font avec des pièces de monnaie, qu'en rappelant une amusante mystification très ancienne, mais bien oubliée aujourd'hui.

Appliquez une pièce de cinquante centimes sur votre front, en la pressant légèrement; elle y restera attachée; prenez un verre à moitié plein d'eau, et dites à votre entourage que c'est chose fort difficile que d'y faire tomber la pièce de monnaie sans la toucher avec les mains; mais que vous connaissez un procédé secret pour la détacher par un simple plissement du front; en effet, il vous suffira de froncer un peu les sourcils pour que la pièce tombe dans le verre (n° 1, figure 27).

Votre proposition a certainement fait hausser les épaules, et chacun se fait fort de vous imiter. Maintenez votre défi et, après avoir fait promettre le silence à tous les spectateurs, leur permettant seulement de rire s'il leur en prenait fantaisie, retirez la pièce du verre, et, sans l'essuyer, appliquez-la, en appuyant un peu, sur le front de quelqu'un, aux dépens de qui vous voulez vous

Fig. 27. — La pièce sur le front,

amuser; ne faites que poser la pièce, retirez-la aussitôt sans la montrer; elle adhérerait d'ailleurs difficilement, étant mouillée.

Le résultat de tout cela, c'est que le monsieur a, sur le front, un petit rond mouillé; cette eau qui s'évapore rapidement à la chaleur de sa peau, y cause une sensation de froid telle, que l'impression ressentie est analogue à celle que produirait le contact persistant du métal froid; aussi, notre personnage, persuadé que la pièce est restée sur son front, lève les sourcils (n° 2 figure 27), grimace de mille manières, secoue la tête, l'agite doucement d'abord, en avant, en arrière, et finit même par la secouer d'une manière véritablement convulsive. Bien entendu, vous lui venez en aide, l'excitant du geste et de l'exemple, et l'on s'amuse bien, jusqu'au moment où vous ne pouvez plus réussir à empêcher l'infortunée victime de porter la main à son front et de s'apercevoir du tour que vous lui avez joué. Consolez votre ami en lui disant que, du moins, il n'oubliera jamais cette loi de la physique : l'évaporation est toujours accompagnée d'un abaissement de température.

Ironie cruelle, si le monsieur est tout en nage, après le violent exercice auquel il s'est livré !

XX

LES JETONS DANS LA MANCHE

Le physicien tient d'une main un petit sac en étoffe de couleur et à dessins, et, de l'autre, une baguette.

« Ce petit sac, dit-il aux assistants, renferme des jetons en os qui vont effectuer invisiblement un voyage dans la salle. Je les dépose d'abord sur cette assiette; ils sont de diverses couleurs : rouges, blancs, jaunes, verts; je les prends un à un pour les compter et je les remets dans le sac : il y en a vingt-cinq.

« Voici un jeune enfant qui me permettra d'envoyer les jetons dans sa manche... Passez! Regardez, Messieurs, le sac est vide, et maintenant, écoutez... »

Du bout de sa baguette, le prestidigitateur frappe le bras de l'enfant, et l'on entend le bruit que font, en se heurtant l'un contre l'autre, les jetons dans la manche, d'où, en effet, on les voit distinctement tomber à terre.

Pour l'exécution de ce tour, il faut : 1° un petit sac S (figure 28) en étoffe un peu raide, à l'intérieur duquel on a cousu une pochette qui descend du bord du sac jusqu'au tiers de sa hauteur ; 2° vingt-cinq jetons en os, de la grandeur d'un pain à cacheter, et des plus minces que l'on pourra trouver ; 3° une baguette creuse B, longue de 30 centimètres, à l'intérieur de laquelle on a placé un morceau de gros fil de fer, long de 25 centimètres, et dont une extrémité est libre, tandis que l'autre est fixée solidement vers celui des bouts par lequel on tient la baguette.

Voici comment il faut opérer :

En remettant dans le sac les jetons, introduisez-les dans la pochette, sur laquelle vous appuierez intérieurement le pouce de la main gauche ; quand vous retournerez ensuite le sac pour montrer qu'il est vide, l'ouverture en étant à ce moment tournée en bas, laissez tomber les jetons dans le creux de votre main gauche, et jetez au loin, sur une table ou sur une chaise, le sac vide. Prenez la baguette de la main droite, et faites-la passer dans la main gauche ; ce qui en motivera la fermeture : le public pensera que c'est afin de pouvoir tendre la main droite à l'enfant qui s'avance, et de lui aider à monter sur le tabouret où vous l'invitez à se placer. Frappez aussitôt son bras de la baguette que vous venez de reprendre de la main droite, tandis que votre bras gauche pend négligemment à votre côté ; le bruit que produit le fil de fer à l'intérieur de la baguette, imite, à s'y méprendre, celui que feraient dans la manche les jetons s'ils étaient frappés de cette manière. Saisis-

Fig. 28. — Les jetons dans la manche.

sez alors de la main gauche, près du bout de la manche, le bras de l'enfant, comme pour le soulever un peu, et, continuant à frapper de petits coups avec la baguette, laissez tomber peu à peu de votre main les jetons qui sembleront sortir réellement de la manche de l'enfant.

Quand vous aurez acquis en prestidigitation une dextérité suffisante, remplacez la baguette creuse par une baguette ordinaire; vous la tiendrez fortement serrée à cinq centimètres du bout, entre le pouce et l'index; les jetons, cachés dans la paume de la même main, y devront être à l'aise; lorsque l'autre extrémité de la baguette frappera la manche, le petit bout, mû par le contre-coup, frappera les jetons et les fera sonner dans la main: le son produit sera le même que précédemment.

XXI

LA ROSE RESSUSCITÉE

Les objets transparents, comme une belle feuille de verre sans défauts, deviennent visibles par les rayons lumineux qui se réfléchissent à leur surface, et par un léger obscurcissement des objets qui se trouvent placés en arrière, plutôt que par leur teinte propre qu'il est difficile de percevoir quand ils sont assez minces ; ils seraient donc souvent invisibles sans les reflets que projettent de tous côtés leurs surfaces qui reçoivent la lumière sous des angles divers.

Regardez un cylindre de verre de fort diamètre, d'une propreté absolue et sans défauts, posé verticalement à deux ou trois mètres en face de vous. En restant immobile, vous en distinguerez surtout le bord supérieur et la surface antérieure, où des lignes verticales lumineuses apparaissent en différentes régions. En d'autres points du cylindre, la transparence du verre paraîtra absolue, car le contraste des reflets brillants qui les environnent, empêche qu'on se rende compte de la légère diminution de lumière des objets qui sont en arrière. Qu'il manque une portion de la partie postérieure du cylindre, on ne s'en apercevra pas à une certaine distance si, de part et d'autre, la solution de continuité est régulière et verticale, de manière à suivre la même direction que les lignes lumineuses et ombrées produites sur la partie antérieure du cylindre par les reflets, pour se confondre avec elles.

Ces explications étaient nécessaires pour que l'on puisse se rendre compte de l'effet produit dans la jolie expérience de physique amusante que nous allons décrire, et qui est certainement une des plus remarquables qu'il soit possible d'exécuter.

Sur une petite caisse servant de socle, on place un de ces bocaux à pied, en cristal fin, comme on en voit chez les confiseurs, les pharmaciens et les droguistes, et que l'on appelle *conserves*. Ce bocal, que montre notre vignette, a un couvercle également en cristal, qui s'appuie sur un cordon de verre en relief qui fait le tour du vase, à deux ou trois centimètres environ du bord.

Un pistolet est chargé, avec... une rose transformée en bourre, et l'arme est déchargée sur le bocal vide, fermé par son couvercle : au même instant, on y voit apparaître la fleur ressuscitée.

Le vase est ouvert par derrière (voyez la lettre O à

droite de la figure 29), sur un quart de la circonférence du cylindre, car, à partir du cordon en relief dont nous avons parlé, un morceau a été enlevé suivant deux lignes verticales. Quand on n'est pas prévenu, cette ouverture, placée en arrière, est invisible, et l'imagi-

Fig. 29. — Le bocal transparent.

nation rétablit d'autant mieux le morceau manquant, que la circonférence se montre complète à l'orifice du vase, puisqu'on a laissé intact l'anneau qui en forme le bord et le cordon en relief qui est au-dessous. Aussi, ne faut-il pas craindre de mettre presque sous les yeux des spectateurs la *conserve* ainsi préparée ;

il suffit de n'en pas tourner vers eux l'ouverture secrète.

La petite caisse qui supporte le vase au moment de l'expérience est ouverte par derrière, et fendue jusqu'au milieu, à sa partie supérieure, pour laisser passer une tige de bois B, à laquelle est attachée une rose artificielle *f*. Cette tige de bois est prise, à son extrémité libre, entre deux fils de caoutchouc, plusieurs fois tordus sur eux-mêmes, placés horizontalement en travers dans la boîte, et qui tendent ainsi à faire relever la tige. Aussi, celle-ci est-elle retenue par un petit bras mobile, attaché à un fil de tirage *t*, qui a pour antagoniste un ressort à boudin *r*, attaché au côté supérieur du socle. L'extrémité libre du fil, qui doit être en soie noire pour être invisible, est entre les mains d'un *servant*. Quand, au moment voulu, celui-ci tire le fil, la tige B se relève brusquement, pénètre dans la fente supérieure du socle, et la rose, dont la tige en fil de fer est convenablement recourbée, vient se placer au milieu du bocal : le mouvement est trop rapide et trop inattendu pour être saisi.

La construction du socle est très simple, comme on le voit. Quant au bocal, on le fera couper au diamant par un ouvrier compétent, après quoi, les bords devront en être usés et polis avec soin.

Inutile de dire que, lorsqu'on se donne la peine de construire une table spéciale pour les séances de prestidigitation, on supprime le socle, et l'on place dans la table même le petit mécanisme que nous venons de décrire.

XXII

LES ANNEAUX CHINOIS

Cette récréation fait souvent partie du programme des séances de physique amusante : c'est un des tours favoris des prestidigitateurs, car il surprend beaucoup ceux qui n'en connaissent pas le secret.

On voit de grands anneaux de métal, parfaitement soudés; on les touche, on les palpe, on les pèse, on les frappe l'un contre l'autre, on ne les perd pas un instant de vue, et voici que soudain, entre les mains du prestidigitateur, ils deviennent impalpables : ils entrent les uns dans les autres; on vous en remet deux ou trois qui viennent d'être enchaînés sous vos yeux, et quand vous vous reconnaissez incapable de les séparer, malgré tous vos efforts, le physicien les reprend, souffle dessus, et vous les rend détachés l'un de l'autre : puis ce sont des chaînes de quatre, sept, douze anneaux, qui s'enlacent de cent manières différentes, formant des combinaisons inextricables, et, d'un signe, la chaîne tombe en morceaux; les anneaux sont toujours entiers, soudés et d'une seule pièce.

Ne croyez pas que pour exécuter ce tour, il vous faudra des anneaux d'une construction compliquée; achetez neuf mètres de gros fil de fer, ayant 6 millimètres de diamètre, et demandez à un serrurier de vous en faire un jeu de quatorze anneaux, disposés comme nous le dirons plus loin, et auxquels il devra donner 20 centimètres de diamètre; la dépense sera minime. Ne vous adressez jamais aux rares marchands qui vendent des appareils à l'usage de la prestidigitation : les prix exorbitants qu'ils réclament sont le comble du ridicule et nous vous enseignerons en toute occasion le moyen de vous passer d'eux.

L'expérience des *anneaux chinois* se faisait autrefois avec six anneaux seulement; peu à peu les prestidigitateurs ont doublé et même triplé ce nombre, mais on n'a rien combiné de mieux que les passes indiquées par le célèbre Robert-Houdin qui, du reste, les a empruntées à ses confrères ou à ses devanciers. Nous emploierons aussi un jeu de douze anneaux, plus deux anneaux supplémentaires qui ne paraîtront qu'à la fin de l'expérience: on verra pourquoi. Les figures placées à la partie supérieure de notre vignette et accompagnées de lettres, indiquent les différentes pièces qui doivent composer le jeu des anneaux (fig. 30, page 109) :

SSSSS, cinq anneaux simples fermés :

D, un jeu de deux anneaux enlacés ;

T, un jeu de trois anneaux enlacés ;

CC, deux clefs, ou anneaux non fermés.

Il est bien entendu que les anneaux composant les jeux de deux et de trois sont réellement soudés et ne peuvent être dégagés les uns des autres, pas même par le prestidigitateur ; seulement, le tour est combiné de manière à persuader les spectateurs du contraire.

Les deux extrémités du fil qui forme les deux anneaux que l'on appelle des *clefs*, doivent se toucher afin que, même de très près, on ne puisse pas remarquer qu'ils ne sont pas soudés comme les autres ; il est très facile d'écarter latéralement ces extrémités l'une de l'autre pour y enclaver d'autres anneaux qu'on y introduit de biais ; l'élasticité du fil de fer lui fait reprendre aussitôt sa position première, le doigt de l'opérateur aidant. Dans une grande salle, si l'on était à une distance suffisante du public, on pourrait sans inconvénient laisser entre les deux extrémités du fil un écartement de 7 à 8 millimètres. On vend des jeux d'anneaux dont les *clefs* se ferment à la manière de certaines boucles d'oreilles, ou comme ces anneaux qui servent à attacher la chaîne de montre à la boutonnière ; ceux-ci sont tubulaires vers leur extrémité et renferment intérieurement un ressort à boudin qui fait avancer un second fil que l'on écarte, pour ouvrir l'anneau, en poussant avec l'ongle un tout petit bouton qui dépasse légèrement sur le tube extérieur. Ces perfectionnements sont non seulement inutiles, mais très gênants, et le mode de fermeture, dans l'un et l'autre cas, saute aux yeux si l'on donne les anneaux à examiner.

Voici la manière d'opérer :
Passez à votre bras droit les anneaux dans l'ordre suivant : trois anneaux simples, le jeu de deux, les deux autres anneaux simples, le jeu de trois et les deux clefs.

En approchant des spectateurs, saisissez tous les anneaux de la main gauche, et, de la main droite, présentez ceux qui se trouvent maintenant les deux premiers en disant d'un air indifférent : « Voyez s'ils sont bien fermés et si vous pouvez les ouvrir. » On vous en réclamera d'autres ; sans vous presser, donnez le troisième anneau, et, tout en agitant les autres, faites passer le jeu de deux sur votre bras droit et donnez les deux autres anneaux libres ; reprenez les premiers anneaux que l'on vous rend, les mettant au fur et à mesure alternativement de l'un et de l'autre côté de ceux qui vous restent en main ; tenez toujours ceux-ci réunis pour qu'on ne puisse voir qu'ils sont enlacés ; ne restez pas immobile sur place, mais passez d'un bout à l'autre de la salle pour distribuer et reprendre les anneaux simples ; profitez d'un moment où vous avez en main tous ces derniers pour les poser contre les autres et retourner tout le paquet sans qu'on s'en aperçoive ; vous adressant alors à un spectateur comme s'il avait fait une observation : « Vous désirez les visiter ? Ceux-ci viennent de m'être rendus, dites-vous en enlevant les anneaux préparés : voici les autres. » Et vous remettez en bloc au monsieur que vous avez interpellé les cinq anneaux simples en ajoutant : « Du reste, à la fin de l'expérience, je remettrai encore une fois le jeu complet entre vos mains. »

En retournant à votre table et en agitant les anneaux, replacez-les dans un ordre déterminé, que vous connaîtrez bien, afin de pouvoir saisir du premier coup, sans paraître les choisir, ceux dont vous aurez besoin, et posez-les sur une table.

Prenez d'une seule main le jeu de deux anneaux, les tenant réunis l'un contre l'autre, pour qu'on ne puisse voir qu'ils sont déjà enclavés ; faites-les tournoyer gracieusement en l'air, tout en lâchant l'un des deux ; il semblera que vous venez de les enlacer. Faites-les passer dans l'assistance : tout le monde s'acharnera en vain à vouloir les séparer.

Prenez de la main gauche une *clef*, en tenant le pouce appuyé sur l'ouverture, et, de la droite, un anneau simple ; frappez-les l'un contre l'autre et enlacezles en faisant passer l'anneau simple sous le pouce de la main gauche : on ne peut douter qu'il n'en soit de ces anneaux comme des premiers qu'on vous a rendus ; déposez-les sur votre table.

Joignez la seconde clef au jeu de deux ; vous aurez le numéro 1.

Tenant la clef entre le pouce et l'index de la main gauche, prenez, de la droite, l'anneau du bas (n° 1) et faites-le passer dans la clef ; vous aurez le numéro 4.

Remettez les anneaux comme ils sont placés au numéro 1 ; saisissez par le bas l'anneau du milieu, à droite de son point de contact avec l'anneau inférieur que vous laisserez glisser vers votre gauche, et, relevant l'anneau du milieu, faites-en passer la partie inférieure que vous tenez, dans la clef : vous obtiendrez le numéro 3, que les prestidigitateurs appellent l'*étrier*.

Replacez encore une fois ces trois anneaux dans la position du numéro 1, ajoutez un anneau simple à la clef, et posez à côté de vous, sur une chaise, cette chaîne de quatre.

Prenez de la main gauche l'anneau simple et la clef que vous avez enlacés précédemment, et, de la main droite, le jeu T de trois anneaux, ceux-ci réunis les uns aux autres ; lâchez successivement le premier et le second, faisant aussitôt après passer celui qui vous reste en main dans la clef dont l'ouverture est cachée sous le pouce de la main gauche; lâchez la clef et tenez par l'anneau simple la chaîne de cinq anneaux que vous venez ainsi de former.

Fig. 30. — Les anneaux chinois.

Faites passer cette chaîne dans la main droite, dont le pouce et l'index saisiront la *clef* à l'endroit où elle est ouverte et pinceront en même temps l'anneau simple, qui est au-dessus, pour le dégager habilement, mais qui sera néanmoins maintenu par la main gauche dans la position qu'il occupe. Annoncez que vous allez montrer une fois de plus, avec quelle facilité vos anneaux, devenus impalpables, passent au travers les uns des autres, de même qu'une baguette coupe un jet d'eau; pour cela, faites descendre lentement l'anneau simple derrière les quatre autres, contre lesquels il doit glisser; quand il sera arrivé en bas, simulez le même effort que vous feriez, s'il était retenu par un aimant. L'effet de cette passe est merveilleux.

Il vous reste en main, à ce moment, quatre anneaux, disposés comme l'indique notre numéro 2; faites passer dans la clef celui du bas pour former le numéro 5. Remarquons, en passant, que dans notre vignette, le pointillé indique ceux des anneaux qui sont réunis et forment les jeux de deux ou de trois.

Saisissez ensemble dans une main les quatre anneaux du numéro 5 par le milieu; vous obtiendrez soit une corbeille, soit la garde d'une épée, selon la manière dont vous les présenterez.

Prenez d'une seule main le haut de l'anneau supérieur et le bas de l'anneau inférieur, vous formerez la sphère que montre le numéro 6.

Faites maintenant une chaîne de douze anneaux, de la manière suivante :

Replacez un anneau simple dans la clef que vous

tenez en main et qui aura repris, avec le jeu de trois, la position du numéro 2; de l'autre main, prenez la chaîne que vous aviez déposée sur la chaise, tenez-les toutes deux par les clefs et réunissez celles-ci par un anneau simple, sans vous inquiéter des deux autres anneaux simples qui s'y trouvent enlacés; enfin, réunissez dans chacune de vos mains une extrémité de cette grande chaîne et un des anneaux simples qui vous restent sur la table; il semblera qu'ils font partie de la chaîne, que vous tiendrez comme fait le personnage de notre vignette, et qui se trouve formée des parties suivantes, que nous allons énumérer successivement en commençant par votre droite :

Un anneau simple;

Le jeu de trois;

Une clef de laquelle pend un anneau simple;

Un anneau simple;

La seconde clef à laquelle aussi est suspendu un anneau simple;

Le jeu de deux;

Un dernier anneau simple qui, comme le premier, est seulement en contact avec l'extrémité de la chaîne.

Sans perdre de vue un seul instant les deux clefs, mélangez les anneaux, agitez-les, faites-les passer tous dans une même clef; brusquement, dégagez complètement celles-ci, placez-les du même côté du paquet d'anneaux et posez celui-ci sur le guéridon, les clefs en bas.

Vous ravisant aussitôt : « J'ai annoncé, dites-vous, que je ferais visiter une seconde fois les anneaux : les voici. » Ramassez le paquet, mais laissez sur la table les deux clefs auxquelles vous substituez (nous allons dire

Fig. 31. — Tapis de table à poches.

de quelle manière), les deux anneaux supplémentaires dont nous avons parlé, et, passant au milieu de l'assistance, faites la distribution du tout en disant : « Vous en voulez deux attachés ensemble? Vous, trois? les voici. »

Une remarque à propos des deux clefs que nous laissons sur la table. Avec une scène disposée spécialement, elles ne peuvent être vues, car les spectateurs sont toujours placés de manière à ce que leurs yeux soient un peu plus bas que le rebord de la table. Dans une réunion de famille on doit prendre quelques précautions. On pourrait, par exemple, poser les anneaux derrière un foulard qui aurait été employé dans une expérience précédente et *oublié* sur la table, ou bien employer une table à rebord, ou encore escamoter ces deux clefs sous son habit. Nous recommandons plutôt l'emploi d'une poche plate, spécialement destinée aux anneaux et cousue à la partie du tapis qui pend derrière la table; nous l'avons représentée à droite de la figure 31; on y place d'avance les deux anneaux supplémentaires. Au moment où, à la fin de l'expérience, tenant verticalement le paquet d'anneaux, on va le déposer sur la table, on laisse tomber les deux clefs dans une seconde poche plus large, qu'on voit à gauche dans la même vignette et qui peut rendre différents services pendant la séance, mais qui doit être vide alors; le bruit que font les deux clefs en y tombant, se confond avec celui que produisent les anneaux en se heurtant les uns les autres; on a soin de poser ceux-ci un peu plus à droite et tout près du bord, de manière à ce que, en les reprenant, on puisse saisir en même temps les deux anneaux simples supplémentaires qui, placés dans la seconde des poches formées par le tapis relevé, arrivent exactement au niveau de la table.

Nous avons vu un prestidigitateur de talent, témoin de la manière d'opérer que nous venons d'indiquer, ne pas se rendre compte de ce qui s'était passé, et ne pas deviner comment on s'y était pris, pour substituer aux deux clefs des anneaux parfaitement fermés.

XXIII

LE NŒUD ESCAMOTÉ

euillez couper cette ficelle en deux parties à peu près égales. Je rattache ensemble les deux morceaux en faisant un nœud que je vais ensuite rendre invisible à vos yeux.

Pour cela, j'enroule la ficelle sur ma main gauche ; souflez tous dessus... c'est fait ; sur la ficelle déroulée, vous n'apercevez plus trace de nœud. »

Voici la manière d'exécuter cette récréation ; comme il s'agit ici d'un tour de main, il sera bon de suivre nos explications, une ficelle à la main, et d'exécuter en même temps les différentes opérations qui ne présentent du reste aucune difficulté.

Prenez une ficelle ayant une longueur de 80 centimètres et un diamètre de 3 millimètres environ, lisse, sans défauts, et de grosseur égale dans toute sa longueur ; disposez-la et tenez-la des deux mains, ainsi que le montre notre figure 32; tout en causant, et pendant que l'on s'apprête à trancher dans le morceau qui est tendu entre vos mains, rapprochez un peu celles-ci l'une de l'autre ; en même temps, avec le médius de la main droite, soulevez vers son extrémité A, (comme le montre la figure 33), et

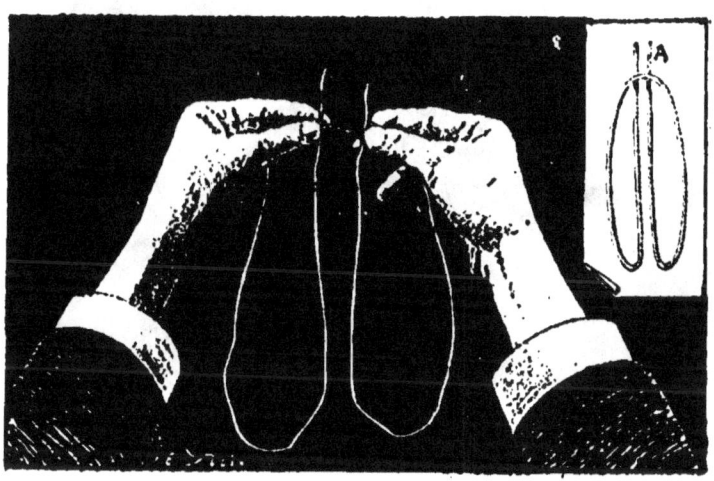

Fig. 32. — Première position de la ficelle.

poussez en arrière la ficelle, à l'endroit où elle forme la seconde ligne verticale, un peu au-dessous du point où elle croise la ligne horizontale; abaissez-la en même temps, avec l'extrémité de l'index à l'endroit même où l'on allait la trancher, et saisissez avec l'index et le médius de la main gauche, le point soulevé d'abord par le médius de la main droite; il en résultera pour la ficelle la disposition indiquée à gauche de la figure 33, les points d'entre-croissement étant cachés de part et d'autre par le pouce et l'index de chaque main; on n'a donc coupé que le petit bout A en croyant couper la ficelle au milieu; la main gauche reprend sa liberté, et la main droite, qui n'a pas changé de position, paraît tenir, près de leur

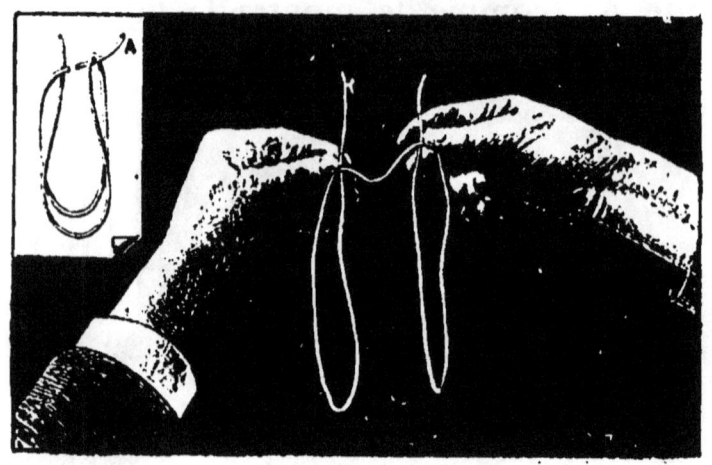

Fig. 33. — Deuxième position de la ficelle.

extrémité, deux morceaux de ficelle de même longueur (voyez la quatrième position, figure 34); les bouts supérieurs qui dépassent les doigts, et qui font partie du petit bout A, semblent appartenir à deux morceaux différents; ils sont noués ensemble autour du pli formé par le reste de la ficelle, que l'on a soin de tirer ensuite fortement de chaque côté de ce faux nœud (figure 35) pour ajouter à l'illusion, en faisant croire qu'on a pour but de serrer un véritable nœud. Pendant que se fait l'enroulement autour de la main gauche, la main droite glisse le long de la ficelle en la serrant avec les doigts pour entraîner le petit morceau A; enfin, avancez vivement la main gauche vers les spectateurs qui ne la perdent plus de vue et tenez-y vous-même votre regard fixé, ce qui vous permettra

Fig. 34. — Troisième et quatrième positions de la ficelle.

de débarrasser tranquillement votre main droite du petit bout A que vous mettrez dans votre poche; personne ne songera, en ce moment, à regarder de ce côté-là.

Ce tour s'exécute aussi d'une autre manière ; on peut donc proposer de le répéter.

Pendant que, sur votre invitation, on mesure la ficelle, reprenez secrètement dans votre poche le petit bout A, pliez ensuite en deux la ficelle, tenez-la verticalement entre le pouce et l'index de la main droite, laissant pendre les extrémités et faisant dépasser au-dessus de vos doigts un petit morceau de la partie pliée, comme on le voit à gauche de la figure 34. Au moment de faire couper à cet endroit, repliez vivement la boucle, pour y substituer adroitement le petit morceau A plié de la même façon et que vous tenez caché ; on le cou-

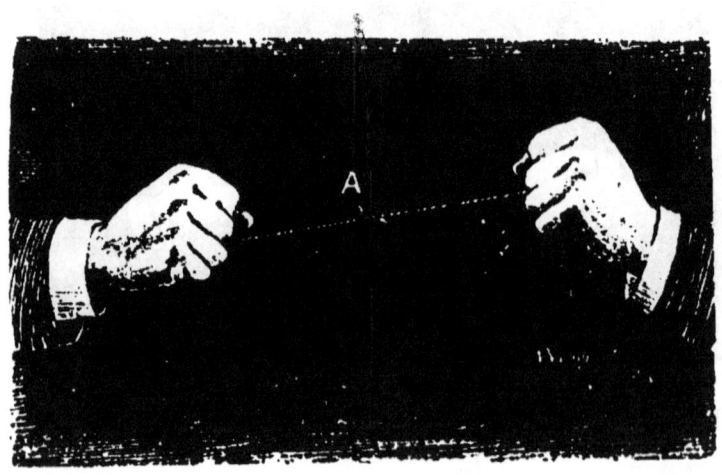

Fig. 35. — Le faux nœud.

pera en croyant partager la grande ficelle en deux morceaux ; débarrassez-vous de l'une des moitiés du bout A et nouez l'autre autour de la ficelle ; vous pourriez même prier un spectateur de faire lui-même deux ou trois nœuds, à condition de ne pas lâcher vous-même la ficelle, mais de la tenir, en serrant fortement les doigts, comme il est indiqué à droite de cette même figure 34, tirez sur les grands bouts (figure 35) comme pour serrer le nœud et escamotez ce nœud ainsi qu'il a été dit plus haut.

XXIV

LE VRAI INVRAISEMBLABLE

Vous avez les mains jointes et les poignets fortement liés par un mouchoir de poche. On fait passer entre vos bras, derrière le mouchoir, une cordelette longue de quatre à cinq mètres, et dont les extrémités sont tenues solidement (voyez le numéro 1 de la figure 36). Il semble que dans ces conditions il vous soit impossible de vous dégager; et cependant, au bout de quelques secondes, la corde n'est plus entre vos bras; elle n'est pas coupée, on n'en a point lâché un seul instant les deux bouts, et vos mains sont dans la même situation qu'auparavant, les poignets toujours fortement liés.

Notre dessinateur s'est chargé, à lui seul, de vous dévoiler le mystère.

Le numéro 2 vous montre comment, par un frottement d'arrière en avant des deux poignets l'un contre l'autre, on réussit à faire sortir entre les deux mains une partie du milieu de la corde. Le numéro 3 fait voir la main droite passant à travers la boucle ainsi obtenue, et le numéro 4 vous dit quel chemin prend la corde lorsqu'on tire dessus, au moment où les mains vont reprendre leur position première.

Tous ces mouvements, qui se font en un clin d'œil, sont dissimulés par un va-et-vient des bras, de droite à gauche, et par une série de pas, exécutés en même temps et alternativement en avant et en arrière.

Mais plus on est habile et moins on se démène ; les plus malins, avant même qu'on ait eu le temps de songer à surveiller leurs manœuvres, et tout en recommandant de tenir fortement les extrémités de la corde, savent fort bien amener celle-ci à peu près dans la position de la figure 4, alors qu'on la croit encore disposée telle qu'on l'avait placée. On ne peut donc plus voir qu'un simple mouvement de traction opéré sur la corde et il est impossible de deviner de quelle manière le problème a été résolu ; les moins incrédules viennent s'assurer avec soin, deux fois plutôt qu'une, que la corde n'est pas rompue.

N'employez pas une ficelle trop mince ; un diamè-

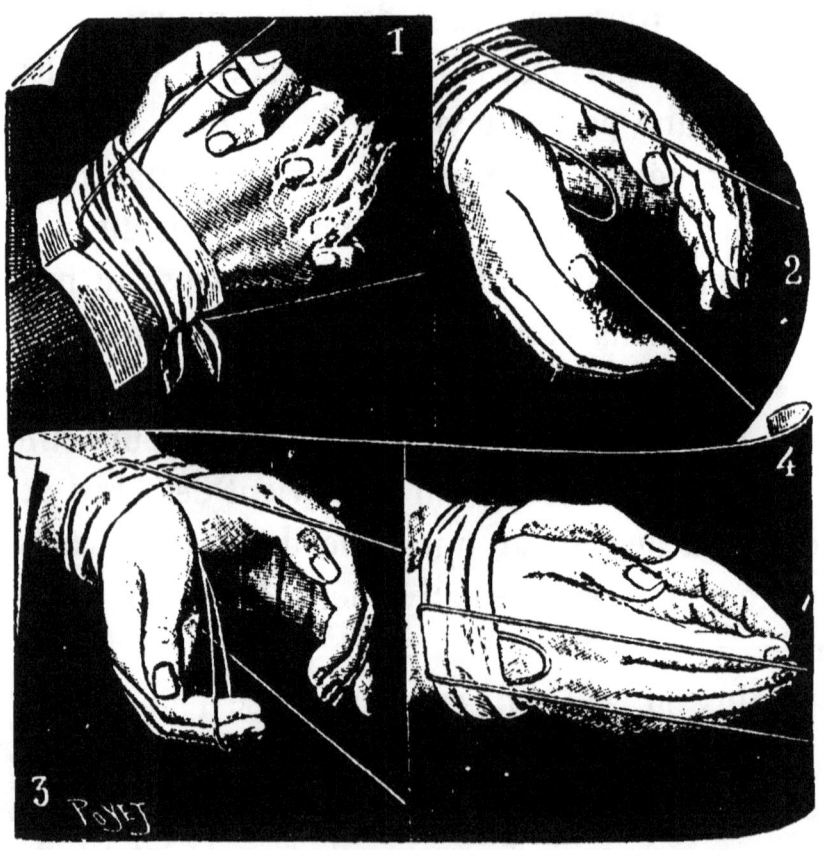

Fig. 36. — Le chemin que suit la corde.

tre de cinq millimètres au moins est utile pour donner suffisamment de prise aux poignets. Remarquez que plus la corde sera tendue, plus aussi vous aurez de facilité à en saisir le milieu.

L'effet de ce petit *truc* est surprenant; comme celui qui fait l'objet du chapitre suivant, on l'a employé parfois pour simuler des scènes de spiritisme dans les séances de prestidigitation.

XXV

LES LIENS INUTILES

Le prestidigitateur s'avance d'un air grave et solennel. Il présente à l'assistance *son sujet*, jeune homme qui est en rapport avec *les Esprits*, et qui, grâce à leur intervention occulte, accomplit des choses étranges, surprenantes, pieds et mains liés.

Tout d'abord, on est invité à examiner l'appareil que montre notre vignette et qui se compose d'une forte planche servant de pied, dans laquelle est planté, solidement fixé, un poteau, long de deux à trois mètres. Point n'est besoin, cependant, d'employer quelque chose d'aussi soigné; une vieille caisse servant de piédestal et contre laquelle on aurait cloué verticalement par derrière une planche, une poutre, ou un morceau de bois quelconque, rendrait les mêmes services, car la machine n'est pas *truquée*.

On attache fortement les mains du jeune homme

derrière son dos, on le fait asseoir sur un tabouret, et la même corde qui lui lie les mains fait aussi plusieurs fois le tour du poteau ; une seconde corde lie les pieds du patient et les attache à un anneau de fer fixé dans la planche sur laquelle est placé le tabouret ; cet anneau pourrait être remplacé par un gros crochet à vis. Une troisième corde, qui passe autour du poteau et du cou du jeune homme, immobilise sa tête ; enfin, des cachets en cire sont apposés sur les nœuds pour qu'ils ne puissent être défaits sans qu'on s'en aperçoive ensuite.

Un paravent ou une petite cabine construite en bois léger et recouverte d'étoffe, sont apportés pour abriter *le sujet* contre les regards indiscrets et faire autour de lui l'obscurité chère aux Esprits ; des rideaux, qui peuvent s'écarter par le milieu, ferment, en face du public, la cabine ou le paravent, et sont disposés de manière à ce que le prestidigitateur puisse rapidement montrer le jeune homme ou le cacher aux yeux de tous. Autour de la cabine prennent place quelques spectateurs, qui pourront témoigner que personne ne vient du dehors prêter la main à ce qui va se passer ; ce sont ces mêmes témoins qui ont été invités un instant auparavant à lier le patient et à recouvrir les nœuds de scellés.

Et maintenant, fuyez, si vous n'êtes point courageux, car des choses étranges vont s'accomplir : les Esprits vont commencer leurs manifestations.

Sur les genoux du jeune homme on place une clochette, une crécelle, une trompette, et l'on ferme les rideaux; aussitôt, crécelle, trompette et clochette de faire un vacarme affreux; il semble qu'on les entend encore lorsque le prestidigitateur ouvre brusquement la cabine : les trois instruments de musique ont roulé à terre, mais les bras du patient sont toujours fortement liés, les nœuds et les scellés intacts.

C'est ensuite un verre d'eau qui est bu instantanément; un petit pain qui est coupé en tranches, cinquante nœuds qui sont faits en un court moment sur une une petite corde.

Un jeu de cartes, bien mélangé par les spectateurs, se trouve, en deux secondes, disposé par ordre, les cartes de même nature ensemble; d'abord les quatre rois, puis les quatre dames, les valets, les dix, et ainsi de suite; ce travail de classement n'a pas pris plus de trois secondes.

On remet au jeune homme, toujours attaché, un paquet de tabac, une boîte d'allumettes, un cahier de papier à cigarettes; on ferme les rideaux, à peine pendant quatre secondes; quand on les ouvre de nouveau, on le voit en train de fumer une cigarette : évidemment, seuls les Esprits sont capables de faire accomplir pareilles choses en aussi peu de temps.

Voilà un crayon et une feuille de papier : les Esprits

sont aussi dessinateurs : en deux secondes ils ont esquissé un chef-d'œuvre, portrait ou paysage.

· Enfin, le prestidigitateur propose à une personne de l'assistance de pénétrer dans la cabine avec le *medium*, pour voir comment les choses s'y passent. Un monsieur qui n'a pas peur se présente aussitôt, et la première chose que l'on fait, c'est, bien entendu, de lui bander les yeux; on lui met aussi en bouche une trompette dans laquelle il devra souffler bien fort, car « c'est un talisman ». Sur les genoux du jeune homme, on place un sifflet en métal et une cloche dont le manche est recourbé en forme de crochet. Dès que les rideaux sont fermés on entend un vacarme encore plus formidable qu'auparavant : cloche, trompette, sifflet, cris, auxquels le prestidigitateur a bien soin de mêler sa voix tout en frappant du pied à coups redoublés; il semble que l'on se bat à l'intérieur de la cabine... Brusquement, les rideaux sont écartés : le spectateur « qui a voulu voir » est en manches de chemise, tandis que le jeune homme, toujours lié, est revêtu de l'habit de son voisin qui ne semble pas rassuré du tout et qui, tout abasourdi, est prêt à certifier, en son âme et conscience, qu'il n'y comprend absolument rien.

Montez sur la scène, entourez le patient, examinez cordes, nœuds et scellés, vous ne verrez rien d'anormal. Pourquoi faut-il rompre le charme et vous dévoiler le mystère? — « Comment! n'est-ce que cela? » allez vous dire cependant, quand vous aurez la clé.

Je l'avoue donc, les Esprits n'ont que faire ici ; c'est le *sujet* qui se sert tout simplement de ses deux mains, voici comment cela lui est possible :

Le prestidigitateur commence à disposer autour du poignet de la main droite du jeune homme le milieu de la corde, comme le montre le numéro 2 de la figure 37 ; sur le point où la corde se croise, vient se placer le dos du poignet de la main gauche, par-dessus laquelle la corde est nouée solidement (n° 3).

C'est à ce moment que le prestidigitateur, se ravisant, invite ceux des spectateurs qui sont montés sur la scène, à faire eux-mêmes autant de nœuds qu'ils voudront, à lier le jeune homme contre le poteau, à lui attacher les pieds et la tête, à placer les cachets. Personne ne s'aperçoit que tout cela est bien inutile ; il suffit, en effet, au jeune homme de faire pivoter sa main droite sur le poignet, de bas en haut et de gauche à droite, pour que les deux boucles que formait la corde et qui serraient ses poignets n'en fassent plus qu'une seule, assez large pour permettre aux mains de se dégager instantanément; la même manœuvre, répétée en sens inverse, remet tout aussi rapidement ces deux mains dans leur position première.

Mais la seule liberté des mains ne suffirait pas pour

accomplir en aussi peu de temps les actes variés dont nous avons fait l'énumération ; aussi faut-il avoir recours, en outre, à quelques petites supercheries que nous allons dévoiler.

Le jeune homme avait préparé d'avance, dans ses poches, une corde à nœuds semblable à celle que l'on devait lui mettre sur les genoux ; il n'avait donc plus qu'à échanger l'une contre l'autre ; de même pour le jeu de cartes ; la cigarette était prête également dans sa poche de montre, et, sous son gilet, était caché un dessin tout fait qu'il n'avait qu'à substituer à la feuille de papier blanc.

Enfin, pour la dernière scène, le jeune homme dégageant ses mains dès que les rideaux sont fermés, suspend à son gilet la cloche par le crochet dont nous avons parlé, et se met aussitôt à siffler dans l'oreille droite de son compagnon, tout en lui arrachant vivement son habit, tandis que le prestidigitateur, placé de l'autre côté, crie dans l'oreille gauche de l'infortuné ; mais ici, pour réussir, il faut profiter du premier moment, alors que la surprise empêche encore la victime de songer à se défendre.

Certains prestidigitateurs emploient pour cette expérience des pièces mécaniques : les anneaux, le poteau, le siège même parfois, sont truqués ; il existe aussi d'autres procédés fort ingénieux mais plus compliqués, auxquels on peut avoir recours pour disposer

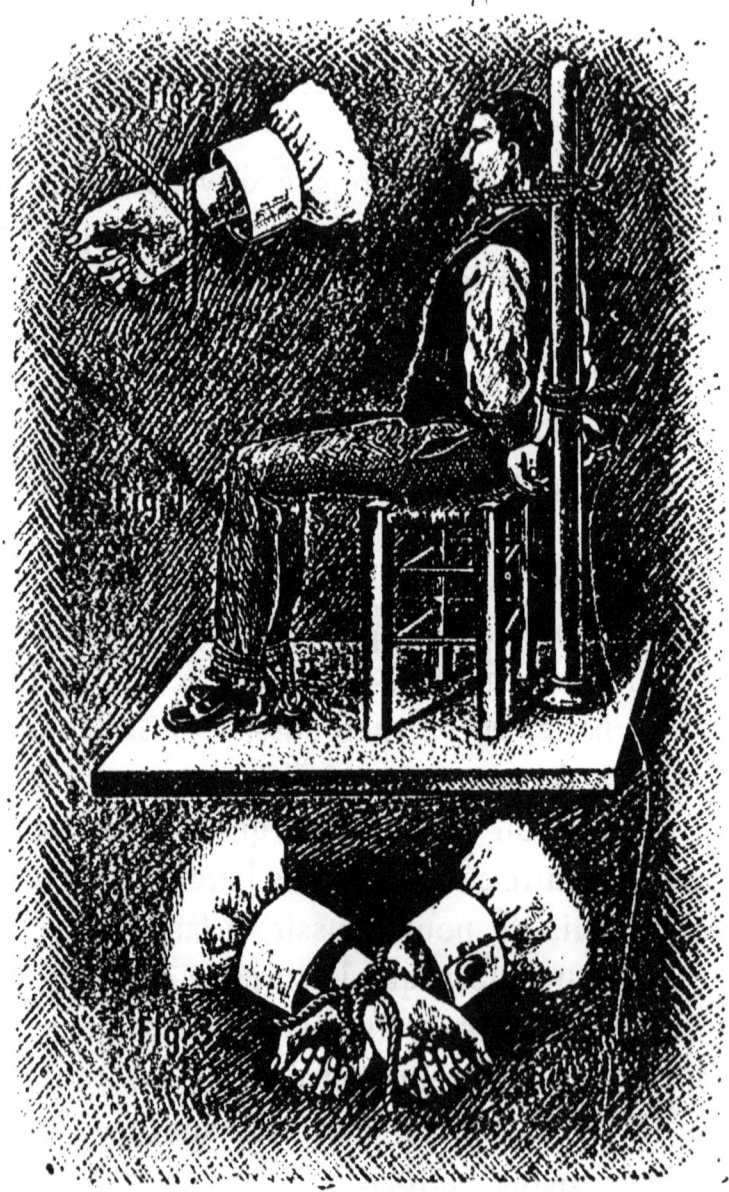

Fig. 37. — Disposition des nœuds.

les nœuds et les cordes; tout cela ne vaut pas le procédé si simple que nous venons de décrire. Il faut avoir assisté à cette expérience pour comprendre l'effet saisissant qu'elle produit, et l'avoir reproduite soi-même pour bien se rendre compte de l'extrême facilité que présente son exécution.

XXVI

UNE LEÇON DE GÉOMÉTRIE

Permettez-moi de me transformer pour un quart d'heure en professeur de géométrie. Rien de plus utile que la géométrie pour former la sûreté du jugement, la justesse du raisonnement. On rencontre tous les jours des gens qui sont incapables de suivre une discussion, qui ne peuvent soutenir une opinion, sans se contredire vingt fois, qui vous répondent à tout autre chose qu'à ce que vous leur demandez, et qui, d'arguments plus absurdes les uns que les autres, vous déduisent des conclusions abracadabrantes : ces esprits tordus de travers, Messieurs, n'ont pas étudié la géométrie! »

« Que mes jeunes auditeurs se rassurent : je n'employerai ni le lugubre tableau noir, ni la craie, ni le vil torchon, qui font ressembler parfois un professeur à un marchand de farine; quelques feuillets de papier blanc qui ne portent d'autre signe qu'une très petite croix au crayon, tracée vers un des angles; une allumette en bois que j'enflamme et que je laisse brûler un instant, pour en appliquer ensuite l'extrémité carbonisée, encore en ignition, sur la petite croix de l'une de mes feuilles de papier : il ne m'en faut pas davantage pour enseigner la géométrie. »

Laissons discourir ce bavard et regardons les lignes de feu qui, partant en sens différents du point touché, découpent dans le papier une figure géométrique : l'opération recommencée à plusieurs reprises, donne chaque fois une figure différente :

1 un carré;
2 un triangle isocèle;
3 un triangle rectangle;
4 un rectangle;
5 un losange;
6 un trapèze;
7 une circonférence;
8 une ellipse;
9 un pentagone;
10 un hexagone;
11 un octogone, etc., etc.

La préparation des feuilles de papier consiste à y tracer préalablement les figures avec une dissolution dans l'eau de nitrate de potasse ou salpêtre, à saturation, en ayant soin de faire passer une des lignes de la figure géométrique, sur la petite croix au crayon qui sert de point

Fig. 38. — Les figures géométriques.

de repaire. Ces lignes, étant sèches, sont complètement invisibles.

Nous recommandons le procédé pour graver dans la mémoire des jeunes mathématiciens, tout en les amusant, la forme des principales figures géométriques, en même temps que les noms qui servent à les désigner.

XXVII

LE GROS DÉ

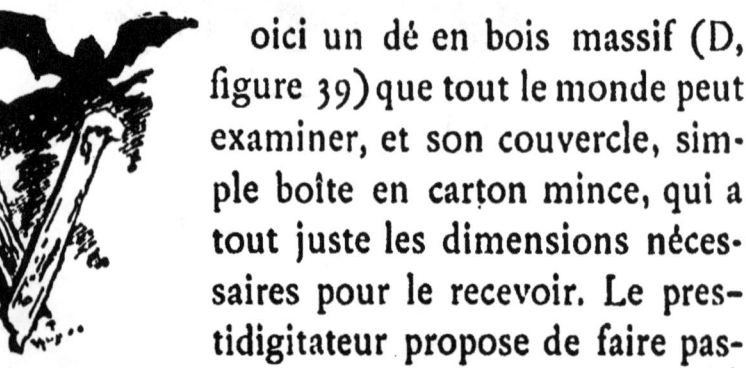oici un dé en bois massif (D, figure 39) que tout le monde peut examiner, et son couvercle, simple boîte en carton mince, qui a tout juste les dimensions nécessaires pour le recevoir. Le prestidigitateur propose de faire passer ce dé dans un chapeau, visiblement ou invisiblement, au gré des spectateurs. Comme les avis sont partagés on opère successivement des deux manières afin de contenter tout le monde. D'abord le dé est pris délicatement entre le pouce et l'index et porté dans le chapeau : c'est le voyage *visible*. On rit de la mystification, mais tout le monde est maintenant d'accord

pour demander l'emploi d'un procédé tant soit peu plus mystérieux.

Pour cela, le dé est retiré du chapeau, et, coiffé de la boîte qui lui sert de couvercle, il est placé sur une assiette, posée elle-même sur le chapeau retourné d'un spectateur. Au commandement du physicien, le dé « traverse l'assiette et tombe au fond du chapeau » d'où on le retire pour l'examiner de nouveau; quant au couvercle, il est vide.

Voici une première manière de construire le faux dé.

Recouvrez de papier noir un cube en bois massif D, ayant 8 centimètres environ de côté, et collez-y des points découpés dans du papier blanc.

Faites aussi une boîte en carton bristol F, dont vous prendrez la mesure sur le dé qui devra y entrer facilement; les angles étant garnis d'une mince bande de toile, pour plus de solidité, recouvrez la boîte de papier noir, en dedans et en dehors; à l'extérieur collez aussi des points blancs, exactement comme sur le dé véritable, avec lequel on doit pouvoir confondre, à l'aspect, ce faux dé.

Enfin une seconde boîte semblable C, assez grande pour loger la première, est faite de la même manière, avec cette différence toutefois, qu'elle est recouverte extérieurement de papier marbré, ou de papier rouge surchargé de croissants, triangles, étoiles, dragons, ou autres signes plus ou moins cabalistiques, découpés en papier doré.

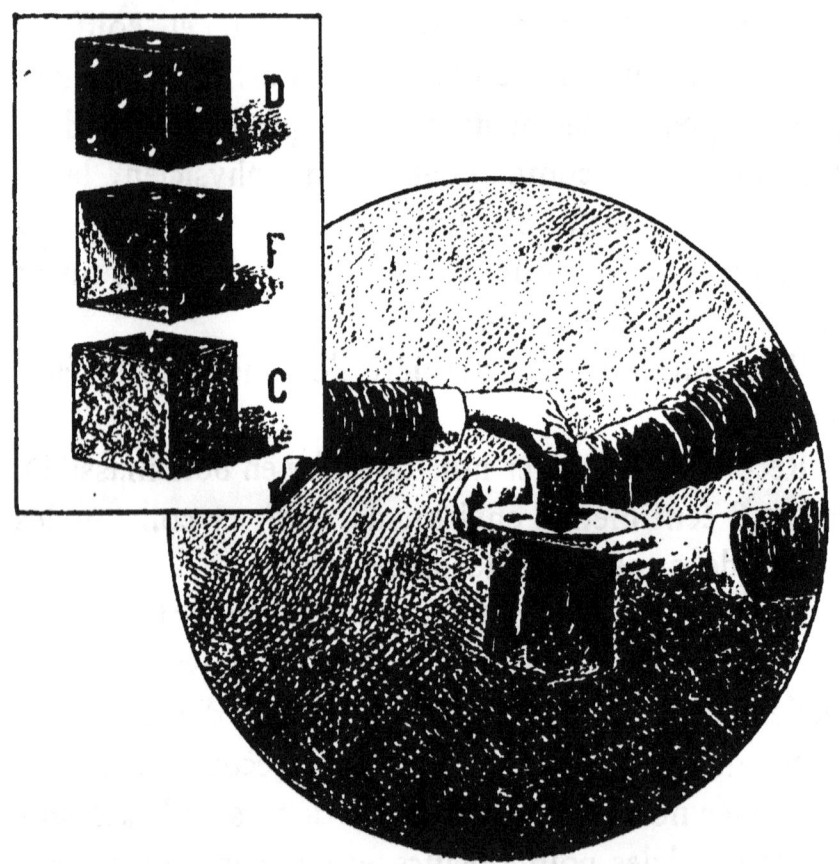

Fig. 39. — Le gros dé, premier procédé.

On a compris maintenant le secret de l'expérience. Pendant que le dé massif est examiné par les spectateurs, le faux dé F reste caché dans la boîte avec laquelle il semble former un seul tout, car les parois de l'un et de l'autre se confondent, et l'augmentation d'épaisseur peut d'autant moins être remarquée que l'intérieur de la boîte est noir. Le dé massif est ensuite introduit dans son couvercle sous prétexte de faire voir qu'il y entre très exactement, mais au lieu de le retirer seul, on retire aussi en même temps le faux dé, manœuvre qui ne peut être soupçonnée, les apparences n'ayant pas changé ; le couvercle, ainsi débarrassé de sa doublure, peut, à son tour, être examiné par les spectateurs qui, après cela, sont convaincus qu'on leur a tout montré.

C'est quand il fait voyager *visiblement* le dé, que, en réalité, le rusé physicien le place *invisiblement* — pour les spectateurs — dans le chapeau d'où il ne retire que le faux dé qui recouvrait le premier ; ce faux dé est donc seul placé sur l'assiette, puis enlevé en même temps que le couvercle, dans lequel il est invisible comme au commencement de l'expérience ; d'ailleurs la baguette magique, promenée rapidement en tous sens à l'intérieur, fait constater le vide, pendant que le vrai dé tombe lourdement à terre, du chapeau renversé.

Mais, comme nous avons eu maintes fois occasion de le dire, il est utile d'avoir à sa disposition plusieurs moyens différents pour l'exécution d'un même tour.

Ainsi, dans le cas où un spectateur connaîtrait ou devinerait le procédé employé pour l'escamotage du gros dé, tel que nous venons de le décrire, on pourrait

Fig. 40. — Le gros dé, deuxième procédé.

répéter l'expérience en employant l'appareil suivant également de construction très simple. Il se compose des trois pièces que montre le numéro 1 de la figure 40 : D est un cube de bois massif ; F, le faux dé, qui diffère de celui que nous connaissons déjà, en ce que son côté supérieur *c* peut se relever comme un couvercle, sur une charnière en toile noire qui le rattache aux autres côtés; la boîte E, ouverte à ses deux extrémités, remplace le couvercle employé dans la première manière de faire l'expérience; sa hauteur est un peu plus du double de celui-ci, elle est également noircie à l'intérieur.

Faut-il faire apparaître le dé à un endroit où il ne se trouvait pas, sur une assiette par exemple? le prestidigitateur peut montrer que la boîte E, ouverte aux deux extrémités, ne cache aucun objet, et tout le monde sera persuadé qu'elle est absolument vide. Cependant elle renferme la pièce F, dont le côté supérieur *c* est relevé à l'intérieur, le long de l'une des parois de la boîte (voyez le numéro 2, fig. 40).

Cet appareil peut donc servir pour le passage du dé dans un chapeau à travers une assiette. On peut aussi, en construisant deux faux dés F et deux boîtes E, faire le joli tour suivant :

Deux guéridons étant éloignés l'un de l'autre, on met sur l'un le dé, sur l'autre une orange; les deux objets passent deux ou trois fois successivement l'un à la place de l'autre.

Il suffit d'avoir deux oranges pareilles et de laisser alternativement l'une ou l'autre couverte par le faux dé, qu'on enlève du côté opposé en même temps que la boîte E, en serrant un peu celle-ci entre les doigts.

XXVIII

SUBSTITUTION SURPRENANTE

Dans mes séances, j'ai l'habitude de demander à mes spectateurs la permission de me rafraîchir; un petit verre de vieux vin rouge réveille mes esprits fatigués; seulement je prie quelqu'un de venir me tenir compagnie... » Bref, au moment où l'invité, ayant fini de déguster le petit verre de vieux Bordeaux, qu'on lui a offert, manifeste l'intention de se retirer, le physicien lui déclare qu'il s'agit d'abord de restituer le vin qui vient d'être bu et qui doit servir encore pour la séance du lendemain (!!) : l'opération du reste n'est pas douloureuse; il ne s'agit que de tenir un instant entre les mains une carafe vide recouverte de son bouchon de verre et d'une grande serviette blanche : le vin se rendra de l'estomac du patient, en passant par son coude, dans la carafe.

La serviette enlevée laisse voir, en effet, que le prodige est accompli.

Eussiez-vous jamais cru qu'un simple petit trou percé dans un bouchon de carafe, vous permît d'exécuter un aussi merveilleux prestige, l'un des plus charmants de la *physique amusante*? Il ne faut en effet rien de plus.

Procurez-vous chez un marchand de vaisselle un bouchon ordinaire en verre soufflé : ces bouchons, le plus souvent, ne sont pas fermés dans le bas (voyez la lettre B de la figure 41); choisissez-en un de grande capacité et dont l'ouverture inférieure soit des plus petites. Au sommet du bouchon, percez un trou A par le procédé suivant.

Marquez d'abord, avec un point fait à l'encre, la place du trou sur le verre; au moyen de linges roulés en tampons et de ficelles, le tout retenu au besoin par quelques clous, fixez et immobilisez le bouchon de verre sur une planche, dans une position telle que la partie de la surface à percer soit perpendiculaire à la direction qu'il vous semblera le plus convenable de donner à votre vrille, armé d'un bon foret. Il est utile de *tremper* d'abord le foret en le faisant rapidement rougir à blanc, et le plongeant en cet état dans un bain de mercure ou dans un morceau de plomb, et de l'aiguiser ensuite à la meule; mais on peut se procurer dans les bonnes maisons des forets dont la trempe est excellente.

Fig. 41. — Le bouchon de carafe percé.

Faites un petit anneau en mastic de vitrier et appliquez-le sur votre verre autour du point à percer; versez dans la petite cavité ainsi formée, une solution à saturation de camphre dans l'essence de térébenthine, et faites tourner le foret en l'appuyant doucement sur le verre : le trou sera bientôt percé.

Bouchez le trou obtenu, avec une boulette de cire, et, par le trou B (fig. 41), remplissez le bouchon d'un mélange d'eau et d'alcool, en vous servant d'un petit entonnoir dans le genre de celui qui se trouve en haut et à gauche de la figure 55, page 199. Le bouchon, si l'on a bien soin de n'y pas laisser de bulle d'air, ne peut éveiller aucun soupçon; sa transparence absolue le fait ressembler à un morceau de verre plein ou de cristal taillé. Quant à la boulette de cire, elle est trop petite pour être aperçue de loin, et l'on a soin, d'ailleurs, que l'invité reste assis et tienne la carafe élevée, position qui ne lui permet pas de voir le sommet du bouchon.

En recouvrant de la serviette le bouchon, on fait sauter la boulette de cire, et l'eau alcoolisée tombe dans la carafe où elle dissout quelques grains de rouge d'aniline et prend ainsi l'aspect du vin rouge.

L'intérieur de la carafe doit être absolument sec quand on y met la couleur d'aniline; il faut de plus la choisir très étroite dans le fond; c'est par erreur que notre artiste a dessiné ce vase avec un fond plat. On fabrique même des carafes spéciales dont le fond est en forme d'entonnoir et le verre très épais, de sorte qu'elles paraissent contenir beaucoup plus de liquide qu'il n'y en a réellement; au contraire, le bouchon doit être en verre très mince, et de la forme de celui qui est représenté en coupe dans notre vignette.

XXIX

LE VIN CHANGÉ EN EAU

L'expérience suivante présente un exemple curieux de décoloration chimique; elle est d'une extrême simplicité et peut être répétée un grand nombre de fois, moyennant une dépense insignifiante; les produits nécessaires pour son exécution se trouvent chez tous les pharmaciens.

Voyons d'abord l'effet produit et la manière de présenter l'expérience.

Le physicien met deux doigts de vin rouge dans un verre. Puis, se ravisant : « Réflexion faite, dit-il, je préfère, pour me désaltérer, de l'eau pure, et, sans me déranger, je vais transformer ce vin, qui est d'un rouge foncé, en une eau limpide comme du cristal; il me suffira pour cela, de toucher le liquide du bout de ma baguette magique. »

Aussitôt dit, aussitôt fait : toute coloration rouge a

disparu, il n'y a plus dans le verre que de l'eau parfaitement claire.

« Mais, reprend le physicien, il n'est même point besoin de ma baguette magique ; il suffit de verser le vin dans le verre, voyez plutôt !... » Il verse, le jet coule encore rouge, mais quand le liquide arrive à destination le vin a perdu sa couleur.

Voici la manière de composer le vin en question, qui ne peut pas se boire, bien entendu, et de réaliser l'expérience.

Faites dissoudre un gramme de permanganate de potasse dans un litre d'eau. Vous obtiendrez un liquide qui, présenté devant un fond opaque, ressemble à du vin rouge fort en couleur, et qui, vu par transparence, a une teinte violacée.

La dissolution étant *complètement* faite, ajoutez-y trois grammes d'acide tartrique ou deux grammes (52 gouttes) d'acide sulfurique.

Avec l'acide tartrique, qui est inoffensif, cette composition ne se conserve pas ; il ne faut donc pas la préparer longtemps d'avance, sous peine de la voir se troubler, devenir jaune ou brune et même se décolorer complètement.

Avec l'acide sulfurique, le même inconvénient n'existe pas et notre vin conservera très longtemps sa belle couleur rouge, si on a soin de le tenir dans une bouteille bien bouchée. Néanmoins, nous conseillons fortement à nos jeunes lecteurs de ne pas employer ce dernier acide, qui peut causer des brûlures et

Fig. 42. — La baguette creuse.

même des accidents graves, ou du moins nous leur recommandons de ne le manier qu'avec les plus grandes précautions.

D'autre part, mettez dans un peu d'eau quelques

cristaux d'hyposulfite de soude et faites une solution à saturation; vous vous en servirez pour rincer un verre, au fond duquel vous laisserez quelques gouttes du liquide; au contact de cette minime quantité d'hyposulfite, la solution rouge de permanganate que vous y verserez sera instantanément décolorée.

Pour réaliser l'expérience telle que nous l'avons décrite plus haut, ne faites subir à votre verre aucune préparation, mais servez-vous d'une baguette creuse, disposée de la manière suivante :

Prenez soit un tube en fer blanc, soit un simple bout de roseau, gros comme le pouce et long de vingt-cinq à trente centimètres. Les deux extrémités étant bouchées, percez deux petits trous de deux millimètres environ de diamètre; l'un A au milieu, l'autre B à une extrémité de la baguette et suivant son axe (voyez la coupe au haut de la figure 42).

La baguette étant tenue verticalement, le bout non percé en bas, versez-y par le trou supérieur, à l'aide d'un petit entonnoir en papier, quelques centimètres cubes de la solution d'hyposulfite.

Bouchez avec le médius le trou du milieu, renversez la baguette, mettant en haut le côté non fermé; le liquide sera maintenu dans son réservoir par la pression atmosphérique, tant que vous tiendrez fermée l'ouverture A en y appuyant l'extrémité de votre index; mais lorsque vous relèverez le doigt, comme le montre la vignette, pour laisser pénétrer l'air dans le tube, la solution d'hyposulfite se répandra dans le verre et produira la décoloration du liquide que vous agiterez en même temps, en y promenant circulairement la baguette ; vous pourrez ensuite verser encore du permanganate dans le verre, il deviendra incolore en y arrivant ; versez de haut pour que le mélange des liquides se fasse mieux.

On décolore facilement et instantanément un demi-litre de la solution de permanganate avec deux ou trois centimètres cubes d'hyposulfite à saturation.

XXX

UNE MYSTIFICATION

oici deux carafons : l'un rempli d'eau, l'autre de vin ; choisissez celui que vous préférez et buvons-en le contenu, chacun de notre côté. »

Point d'hésitation possible : notre invité choisit le vin qui se change en eau claire, tandis que l'eau du carafon devient, grâce à notre art magique, du vin de la plus belle couleur.

Ce tour n'est qu'une variante des deux récréations précédentes.

Les carafons contenaient, comme on l'a déjà compris, l'un de l'eau alcoolisée, l'autre la solution de permanganate décrite au chapitre précédent; au fond du premier verre il y avait quelques grains de rouge d'ani-

Fig. 43. — Les carafons magiques.

line, dans le second quelques gouttes de la solution d'hyposulfite de soude.

XXXI

LIQUEURS AU CHOIX

Tout le monde a entendu parler de la bouteille inépuisable de Robert-Houdin : c'était un des tours favoris du célèbre prestidigitateur qui faisait sortir de sa merveilleuse bouteille une grande variété de liqueurs... on le croyait du moins.

Cette bouteille que l'on trouve encore chez les marchands d'instruments d'escamotage, se fait en bois creux ou en fer-blanc, auxquels un vernis noir brillant donne l'aspect du verre ; elle renferme cinq petits compartiments ou réservoirs en forme de fioles, qui correspondent chacun avec l'extérieur par un petit trou pratiqué dans la paroi de la bouteille et qui, d'autre part, aboutissent, par le moyen d'un petit canal tubulaire, tout près de l'orifice de la bouteille : on garnit chacun de ces petits compartiments d'une liqueur différente, et l'on remplit de vin l'intervalle qui les sépare.

On commence par servir tout le vin jusqu'à la dernière goutte, et, quand la bouteille paraît vide, on propose d'en faire sortir encore différentes liqueurs.

Pour cela, le prestidigitateur qui, en tenant la bouteille, fermait avec l'extrémité de ses doigts les cinq petits trous dont nous avons parlé, n'a qu'à soulever légèrement l'un de ses doigts, pour déboucher le trou correspondant au réservoir qui renferme celle des liqueurs qu'on a désignée.

La bouteille à compartiments, trop connue maintenant, a été abandonnée ; on la remplace par une carafe ordinaire en verre transparent ; mais au lieu de liqueurs véritables que l'on peut offrir aux spectateurs, on ne produit plus que des drogues abominables qui ne sont là que pour le plaisir des yeux.

On procède de deux manières différentes :

Tantôt la carafe paraît être remplie d'eau claire : on apporte alors sur la table plusieurs verres à liqueurs, dans lesquels cette eau claire devient rouge, jaune pâle, jaune foncé, verte, noire, violette, brune ; elle s'est ainsi transformée en vin rouge, vin blanc, cognac, crème de menthe, encre noire ou violette, bière, café, etc. On peut même prouver que le cognac est bien véritable en l'enflammant ; seulement, l'encre, le vin blanc, le café, la bière brûleraient de même, car tous ces liquides ne sont autre chose que de l'esprit de vin qui prend diverses nuances, suivant celle des couleurs d'aniline dont il se trouve au fond de chaque verre une très petite pincée, que l'alcool dissout instantanément.

D'autres fois, on présente une carafe pleine de vin

Fig. 44. — La carafe aux liqueurs variées.

rouge ; c'est une infusion de bois de campêche qui reste rouge dans un premier verre non préparé, devient jaune pâle dans le second qui est humecté de quelques gouttes de vinaigre ou de jus de citron, et noire comme de l'encre, dans le troisième verre, rincé avec une solution de sulfate de fer.

A la lumière, le soir, on peut présenter l'expériencé de la manière suivante :

Montrant un verre de vin rouge, c'est-à-dire d'infusion de campêche, on propose d'en transformer une partie en vin blanc et l'autre en café noir; on verse la moitié du liquide dans un verre au fond duquel il y a quelques gouttes d'acide : cela produit le vin blanc; on agite le reste avec la lame en acier d'un couteau sur lequel on a frotté, quelques instants auparavant, un morceau de citron : on obtient du café.

XXXII

INVULNÉRABILITÉ

On voit sur les places publiques et dans les foires, des individus qui avalent des épées, qui s'enfoncent dans la gorge un poinçon, qui se traversent le bras et la main d'un couteau ou d'un gros clou, et l'on se demande, en bien des cas, ce qu'il y a de réel dans ces expériences, et jusqu'à quel point on est victime d'une supercherie ou d'une illusion.

Qu'il existe réellement des gens qui font pénétrer jusque dans leur estomac des cannes ou des épées, on n'en peut douter; des enquêtes sérieuses ont constaté que ces malheureux obtiennent ce résultat par l'accoutumance des parties ainsi mises graduellement en contact avec des corps étrangers, et aussi par une certaine déformation de leurs organes; car, à l'état naturel, le pharynx, l'œsophage et l'ouverture de l'estomac ne sont pas en ligne droite.

L'accoutumance s'explique.

Quand le médecin, pour examiner le fond de la gorge d'un malade, lui abaisse la langue avec une cuiller, ce contact produit, les premières fois surtout, une gêne très grande, et souvent même des contractions capables d'amener le vomissement ; au contraire, les personnes habituées à cette petite opération, n'en sont nullement incommodées et peuvent de même, sans éprouver le moindre malaise, promener profondément dans leur gosier un pinceau humecté de médicaments.

Il y a des malades qu'on ne peut nourrir qu'à l'aide de la sonde œsophagienne et on opère, dans certains cas, un lavage de l'estomac à l'eau tiède. Dans l'un et l'autre cas, le malade doit avaler une longueur de trente à quarante centimètres de tube en caoutchouc, opération douloureuse dans le principe, mais à laquelle on finit par s'habituer.

On s'explique donc que les avaleurs de sabres puissent s'accoutumer à leurs dangereuses expériences, bien que ce soit toujours au grand détriment de leur santé, et qu'ils s'exposent ainsi à des accidents d'une extrême gravité, malgré diverses précautions qu'ils prennent, telles que d'adapter une boule de caoutchouc à la pointe de l'épée, ou d'introduire, avant la séance, un tube destiné à protéger leurs organes contre le tranchant des lames.

Le plus souvent, toutefois, il s'agit de supercherie,

Fig. 45. — Poinçon dont le fer rentre dans le manche.

et le sabre, au lieu de pénétrer dans le corps, va se placer sous les habits, à la faveur d'une barbe réelle ou postiche qui cache la bouche de l'opérateur.

Voici quelques petits instruments très simples qui permettent de simuler l'invulnérabilité, dans une séance de prestidigitation.

Le premier (voyez la figure 45) se compose de trois parties principales :

1° La lame D, longue de douze centimètres environ, et fournie par un morceau d'une aiguille à tricoter que l'on termine, du côté brisé, par une petite boule bien ronde en cire à cacheter E ;

2° Un morceau de ressort à boudin B, que l'on forme d'un fil de cuivre ou de laiton, de grosseur convenable, enroulé en hélice sur un crayon, et dont les tours sont écartés l'un de l'autre, de deux ou trois millimètres environ ; ce ressort doit avoir, à l'état de repos, la même longueur que l'aiguille ;

3° Le manche A, qui consiste en un morceau de bambou, ou que l'on forme, en enroulant sur une baguette, servant de moule, une quantité suffisante de feuilles de papier enduites de colle forte, pour obtenir un tube dont les parois auront une épaisseur de cinq à six millimètres.

Ce tube, quel qu'il soit, sera fermé complètement à l'une de ses extrémités avec de la cire à cacheter ; il sera long de treize centimètres, et son diamètre intérieur sera tel, que le ressort à boudin puisse y entrer facilement, sans toutefois se frotter durement, en jouant, contre les parois du tube.

Taillez aussi un bouchon C de telle sorte qu'il ferme exactement le côté ouvert du manche, et, à l'aide d'une aiguille rougie au feu, percez ce bouchon d'un trou égal au diamètre de la lame de votre poinçon.

Il ne reste plus maintenant qu'à monter l'instrument; un simple coup d'œil jeté sur notre dessin (fig. 45), montre clairement la manière d'opérer.

Placez le ressort à boudin dans le manche, et fermez celui-ci par le bouchon percé que traverse la lame dont l'extrémité, terminée par la petite boule en cire à cacheter, appuiera sur le ressort. Enfin, dissimulez le bouchon et consolidez-le en même temps, en l'enduisant de cire à cacheter fondue, et donnez, si vous voulez, une couleur uniforme à tout le manche, avec un peu de vernis noir à l'alcool que l'on trouve chez tous les marchands de couleur, et qui sèche immédiatement.

Appuyez maintenant le glaive contre votre cœur; le ressort, cédant sous la pression, laisse pénétrer la lame dans le manche, mais à deux pas de distance, l'illusion est complète pour les spectateurs; il leur semble que le fer pénètre dans votre poitrine [1].

Après vous être enfoncé notre outil dans le cœur, dans la tête, dans la gorge, percez-vous la main avec

---

1. Les vieux livres d'escamotage prétendent qu'on peut traverser impunément avec une aiguille ou la lame d'un canif la partie de la tête d'un coq, située entre la cervelle et le bec. Bien entendu, nous ne conseillerons à personne de réaliser une expérience aussi cruelle et aussi répugnante.

la lame d'un couteau pointu, et enfoncez un gros clou dans vos doigts : c'est tout aussi facile; la construction du couteau et du clou nécessaires, est moins compliquée encore que celle du poinçon.

Procurez-vous dans un bazar deux couteaux de cuisine absolument semblables et faites enlever, au milieu de l'une des lames, un morceau long de quatre centimètres environ; les deux extrémités qui restent seront reliées l'une à l'autre, dans la même position relative qu'elles avaient précédemment, au moyen d'un arc rigide, en fil de fer. Le premier serrurier venu se chargera de ce petit travail.

Le couteau ainsi préparé étant caché sur la *servante*, faites visiter le second qui ne présente rien de particulier; passez ensuite derrière votre table, appuyez l'extrémité des doigts de la main gauche sur la table, et, de la main droite, faites le geste d'enfoncer le couteau par un mouvement de bas en haut dans la paume de la main; mais en même temps, abandonnez sur la *servante* le couteau que vous tenez et saisissez l'autre que vous placez vivement dans la position que montre la figure 46. Tout cela doit être fait avec la plus grande rapidité; il faut ensuite, de la main qui est libre, saisir le couteau par le manche et lui imprimer un léger mouvement de va-et-vient, d'avant en arrière; ce mouvement se transmet par le demi-cercle en métal à la partie supérieure de la lame, et il semble vraiment que l'on remue le fer dans la plaie.

C'est derrière la table, comme précédemment, que s'opère une seconde fois le changement des couteaux ;

Fig. 46. — Le couteau et le clou *truqués*.

le premier est de nouveau soumis à l'examen des spectateurs, qui peuvent y voir certaines taches rouges assez semblables à du sang. On se garde bien de leur dire que ce rouge provient d'un petit linge humecté de couleur, et accroché derrière la table.

Un coup d'œil jeté sur la figure 46 dira suffisamment la manière de faire l'expérience avec le gros clou.

XXXIII

LES ROSES MERVEILLEUSES

e prestidigitateur présente un rosier couvert de roses blanches; comme on n'a pas tous les jours sous la main un rosier de ce genre, on peut le remplacer par un arbuste quelconque, dans lequel on a piqué une quantité de roses en mousseline ou simplement en papier, dites *roses à la minute*.

« L'eau merveilleuse qui renferme ce flacon, m'a été donnée par une fée, ma marraine. Un autre jour je vous ferai l'énumération de ses étranges propriétés ; je me contenterai aujourd'hui de vous dire qu'elle rajeunit les visages les plus ridés et les plus parcheminés. » (Ici un prestidigitateur de l'époque de Bosco aurait demandé à une dame d'un âge mûr si elle désirait essayer de cette eau)..... « Mais j'aperçois sur cette table un rosier qui souffre de la chaleur intense qu'il fait dans cette salle, essayons sur lui le pouvoir magique de l'eau merveilleuse. »

Le prestidigitateur prend alors un pulvérisateur sem-

Fig. 47. — Les roses merveilleuses.

blable à ceux qui font partie d'une garniture de toilette et que l'on voit chez les coiffeurs; il y verse, avec mille précautions, l'eau des fées et il répand une abondante rosée sur les fleurs blanches qui, ô merveille, changent de couleur; les unes deviennent roses, les autres bleues, d'autres jaunes, vertes, violettes et panachées.

L'eau merveilleuse est un mélange d'eau et d'alcool, et les roses ont été saupoudrées de couleurs d'aniline diverses, réduites en poudre impalpable et invisible, même de très près.

XXXIV

LA SCULPTURE A L'EAU CHAUDE

e vous présente ici un morceau de bois que je vais sculpter en votre présence; les vulgaires emploient, pour un semblable travail, des outils en acier; un physicien n'a besoin que d'un peu d'eau chaude.

« Afin que l'on ne me soupçonne pas d'opérer une substitution, je vais, pour cette fois, transmettre mon pouvoir magique à celui de mes spectateurs que l'on me désignera : Placez vous-même, monsieur, dans ce cristallisoir en verre, le morceau de bois; recouvrez-le d'eau chaude, tenez entre vos doigts cette pièce de monnaie et regardez-la fixement avec la ferme volonté d'en voir le relief se dessiner à la surface du morceau de bois; c'est l'affaire d'une petite heure..... Pendant que vous travaillerez, monsieur, nous allons nous croiser les bras ou passer à d'autres exercices. »

Fig. 48. — La pièce est enfoncée dans le bois.

Laissons le boniment du prestidigitateur et voyons comment se fait la *sculpture à l'eau chaude*.

Vous connaissez déjà, sans qu'il soit besoin que je vous les dise, les effets désastreux de l'humidité, que vous avez vue maintes fois, les jours d'hiver, gonfler le bois bien sec de vos portes, de vos fenêtres, des tiroirs de vos meubles, ce qui les empêchait de jouer, de s'ouvrir ou de se fermer.

Si l'on comprime fortement entre les mâchoires d'un étau une planchette de n'importe quel bois, on en réduit ainsi plus ou moins le volume; mais si l'on plonge ensuite ce bois pendant quelque temps dans l'eau, dans de l'eau chaude surtout, les fibres comprimées se

Fig. 49. — Le bloc de bois aplani.

dilatent de nouveau et reprennent, si même elles ne le dépassent pas, leur volume primitif.

C'est là tout le secret du magicien.

Prenez un morceau de bois rectangulaire, absolument sec, à fibres très fines et sans nœuds ou autres défauts. Après en avoir rendu la surface bien unie, placez-y une pièce de monnaie non usée, ou mieux une médaille dont le relief soit bien accentué; quelques pointes minces et sans têtes, enfoncées tout autour, empêcheront l'objet de glisser.

Armez-vous alors d'un gros marteau en fer, et, de toutes vos forces, frappez-en, bien d'aplomb, un coup sec sur la médaille ou sur la pièce de monnaie (voyez la figure 48 page 176); il en résultera une empreinte en creux sur le bois.

Cela fait, raclez avec précaution et bien horizontale-

Fig. 50. — Développement de l'image.

ment, au moyen d'un canif, votre planchette, jusqu'à ce que vous en ayez de nouveau nivelé la surface, mais sans attaquer les parties les plus profondes des creux (figure 49).

Si enfin, vous plongez le bois dans de l'eau chaude (figure 50) vous obtiendrez le développement de l'image latente qui s'y trouvait formée par une compression inégale des fibres aux différents points, suivant qu'ils avaient été en contact avec les reliefs ou avec les creux de la médaille. Cette image (figure 51) qui apparaît peu à peu, reproduit assez fidèlement,

Fig. 51. — La sculpture à l'eau chaude.

surtout quand le bois est complètement sec, le relief du modèle que l'on a voulu copier.

XXXV

LE CHAPEAU ENSORCELÉ

essieurs, nous allons faire apparaître à vos yeux de nouvelles manifestations spirites ; prêtez-moi un chapeau ; j'y introduis... la tête d'un Esprit (!) et je pose le tout sur ce guéridon. Maintenant interrogez le chapeau... pardon, je voulais dire l'Esprit, il répondra à vos questions, il vous dira même ce que vous ne lui demanderez pas... (*d'un ton lugubre*) : Que ceux qui n'ont pas la conscience tranquille tremblent !

« Esprit, êtes-vous disposé à nous parler? »

Le chapeau se soulève pour dire oui.

« N'êtes-vous pas de mauvaise humeur aujourd'hui ? »

Le chapeau se balance de droite à gauche pour dire non.

— Vous supposez sans doute, messieurs, continue

le prestidigitateur, qu'il y a un mécanisme dans le chapeau ou dans le guéridon? Point du tout; voyez: et, sans même toucher le chapeau, il saisit le guéridon par le pied et le porte au milieu des spectateurs qui peuvent examiner et palper meuble, tapis, chapeau. Le tout est reporté en place et les manifestations spirites recommencent.

Inutile de dire, n'est-ce pas, tout le parti que l'on peut tirer de la situation.

Notre vignette montre, très visiblement, même un peu trop, que « la tête de l'Esprit » est un simple fil de soie noire qui traverse la scène dans toute sa largeur; d'un côté il est fixé au mur, de l'autre il est tenu par un aide caché dans la coulisse. Celui-ci lève le fil un peu haut quand le prestidigitateur pose le chapeau sur le guéridon; puis il l'abaisse jusque sur le devant de la table, d'où il le fait glisser en arrière sous le bord antérieur du chapeau, qui peut ainsi être facilement soulevé quand il faut dire oui.

Quand c'est non qu'il faut dire, le fil est reculé jusqu'au milieu du chapeau et soulevé à peine par une secousse brusque qui lui imprime un mouvement de balancement.

Le prestidigitateur s'approche-t-il pour prendre le guéridon et le montrer à l'assistance, le fil est glissé avec précaution en avant sur la table, puis passé par-dessus le chapeau et, de nouveau, soulevé le plus haut possible.

On termine l'expérience par un coup qui produit beaucoup d'effet. Pendant que le chapeau se livre à une

Fig. 52. — Le fil sous le chapeau.

danse des plus agitées, le physicien se tenant à l'écart, invite les spectateurs à s'approcher du chapeau, « s'ils n'ont pas peur », pour constater qu'il n'est pas attaché.

Ici le servant qui fait mouvoir le fil doit être attentif; il continue la danse jusqu'au moment où l'on s'approche assez du guéridon pour qu'il y ait danger que le fil de soie puisse être aperçu; alors, d'un coup sec, il casse le fil, qu'il tire à lui dans la coulisse, et il s'esquive sans bruit.

Dans une salle très petite, le bruit du fil qui se casse pourrait être entendu; dans ce cas, il faut employer un fil deux fois plus long, que l'on fait passer derrière un crochet ou dans une boucle fixée du côté opposé à celui où se trouve le servant dans les mains duquel viennent se rejoindre les extrémités du fil qui, de cette façon, est double sous le chapeau; au moment voulu, le servant lâche l'un des bouts et tire l'autre à lui.

Quel que soit le moyen employé, il n'y a plus de fil sur la scène, et les curieux peuvent venir regarder tout à leur aise. — Mais, direz-vous, en même temps le chapeau a cessé de danser.

— Ne savez-vous donc pas que les *Esprits* ont horreur des profanes et qu'ils disparaissent devant le téméraire qui ose aspirer à les voir de trop près?

C'est bien, du reste, ordinairement de cette façon que finit la comédie chez messieurs les spirites. Prestidigitateurs et naïfs, ajoutez-y l'imagination, la plus habile des magiciennes, qui joue elle aussi un beau rôle là-dedans, et vous aurez la clef de mainte histoire merveilleuse et fantastique que l'on vous a contée.

Remplacez votre chapeau par un crâne en plâtre, enduit d'une préparation phosphorescente, éteignez les lumières : c'est là plus qu'il n'en faut pour faire frissonner et convaincre... des adeptes déjà convaincus.

XXXVI

QUELQUES TOURS DE DOMINOS

Première récréation.

i, en jouant une partie de dominos, on pose tous les dés d'un jeu complet, le nombre des points des deux extrémités sera toujours semblable ; la bande de dominos se terminera par deux *cinq* ou par deux *blanc,* et ainsi de suite ; autrement dit : les dominos étant tous placés suivant les règles du jeu et disposés de façon à former un cercle fermé, il y aura partout concordance entre les points qui se toucheront.

Partant de cette propriété particulière aux dominos, de former, quand le jeu est complet, un cercle ininterrompu, on a imaginé le joli petit tour qui fait l'objet de ce chapitre et qui peut être présenté de deux manières différentes.

Voici la manière de l'exécuter.

Enlevez secrètement du jeu un domino qui ne soit pas un double. Proposez ensuite à quelqu'un de disposer dans un ordre quelconque, les dominos qui sont sur la table, pendant que vous passerez dans une chambre voisine ou qu'on vous bandera les yeux. Il est indispensable que, sauf les doubles, tous les autres dominos, sans exception, soient placés, et, bien entendu, de telle sorte que chaque dé posé porte sur l'une de ses moitiés le même nombre de points que porte de ce côté celui contre lequel on va le placer, afin que sur toute la ligne il y ait correspondance, c'est-à-dire égalité de points sur les moitiés de dominos mises en contact.

L'opération étant terminée vous pouvez dire, sans regarder le jeu, quel est le nombre de points qui se trouve à chaque extrémité de la ligne. Il est évident, d'après ce que nous avons dit plus haut, que ce sont les mêmes points que ceux du domino que vous avez secrètement enlevé.

Si comme le montre notre vignette (figure 53), le 3-4 a été enlevé, la ligne de dominos se terminera par 3 et par 4.

Vous pouvez aussi affirmer à vos spectateurs, s'ils paraissent disposés à vous croire, que vous vous êtes emparé à un tel point de leur esprit, que vous les obligerez à placer les dominos suivant un ordre établi par vous d'avance, et comme preuve, vous leur annoncez immédiatement quel sera le nombre de points des deux bouts de la rangée de dominos.

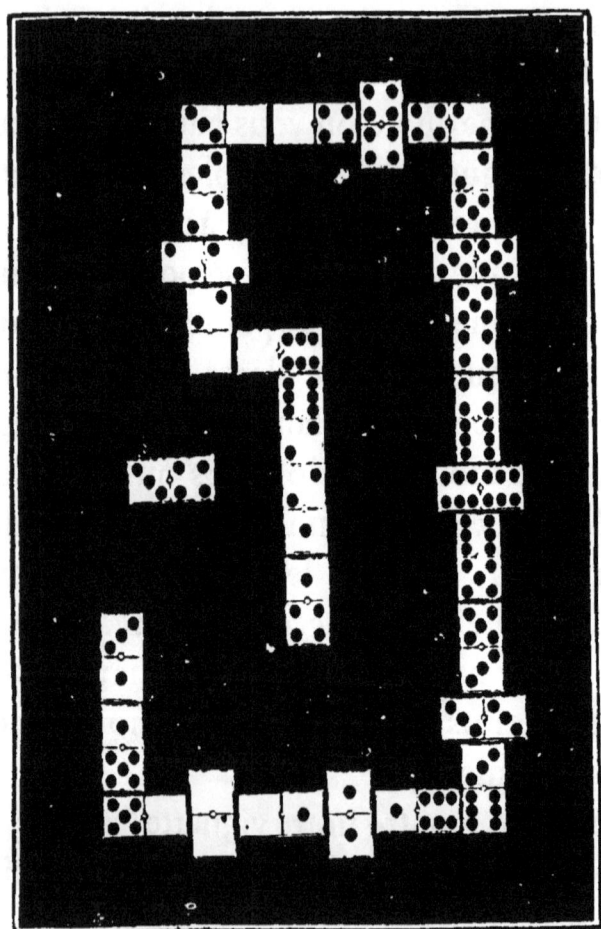

Fig. 53. — Le domino enlevé.

Ayez soin toutefois de vous assurer toujours que les vingt-sept dominos restent bien sur la table, et prenez garde que quelque malicieux, désireux de vous jouer à vous-même un tour, n'escamote à votre insu un second domino, ce qui, évidemment, vous mettrait dans l'impossibilité de réussir l'expérience annoncée.

XXXVII

QUELQUES TOURS DE DOMINOS (*Suite*)

Deuxième récréation

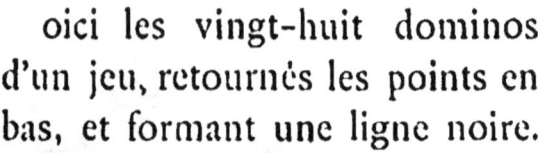

oici les vingt-huit dominos d'un jeu, retournés les points en bas, et formant une ligne noire.

Pendant que vous passez dans une chambre voisine ou que vous avez les yeux bandés, on prend sur la droite du jeu un certain nombre de dominos, de un à douze, que l'on transporte sur la gauche.

Vous proposez alors de tirer du jeu, au premier coup, un domino qui indiquera par la somme de ses points le nombre de dés que l'on aura déplacés.

Vous avez eu soin de placer préalablement, à l'insu de tout le monde, les treize premiers dominos de gauche dans l'ordre numérique suivant :

12 11 10 9 8 7 6 5 4 3 2 1 0

Le zéro est marqué par le double blanc; le 12 et le 11

seront nécessairement indiqués par le double six et le cinq et six ; le 10, par le quatre et six ou le double cinq, et ainsi de suite. Les quinze autres dominos seront alignés sur la droite dans un ordre quelconque.

Pour obtenir le résultat annoncé, vous n'avez qu'à compter mentalement les dominos en commençant par la gauche et à retourner le treizième. Il est bien évident, en effet, que dans ces conditions le treizième rang sera occupé par le double six si l'on a ajouté sur la gauche douze dominos ; il sera occupé par le 5 si l'on n'a mis que cinq dominos, et enfin, si dans le secret espoir de mettre votre sagacité en défaut on avait laissé le jeu dans l'état primitif, sans déplacer aucun dé, c'est le double blanc que vous retourneriez, puisqu'il aurait conservé le treizième rang que vous lui aviez donné, et les rieurs passeraient de votre côté.

XXXVIII

QUELQUES TOURS DE DOMINOS (*Suite*)

Troisième récréation

ous ne pouvons laisser le chapitre des tours de dominos sans rappeler une charmante mystification, un peu trop connue peut-être, mais qui a le don d'intriguer fortement les spectateurs qui ne sont pas au courant du subterfuge employé.

Les deux joueurs que représente notre dessin (page 194) font une partie qui semble assez singulière : ils posent leurs dés les points en dessous et sans mot dire, de telle sorte que chacun doive ignorer la mise de son adversaire. Or, quand la partie étant terminée, on retourne les dominos sur place, on constate qu'ils sont disposés suivant les règles du jeu, se touchant tous par des points semblables.

Pour avoir la clef de ce mystère, il vous aurait suffi

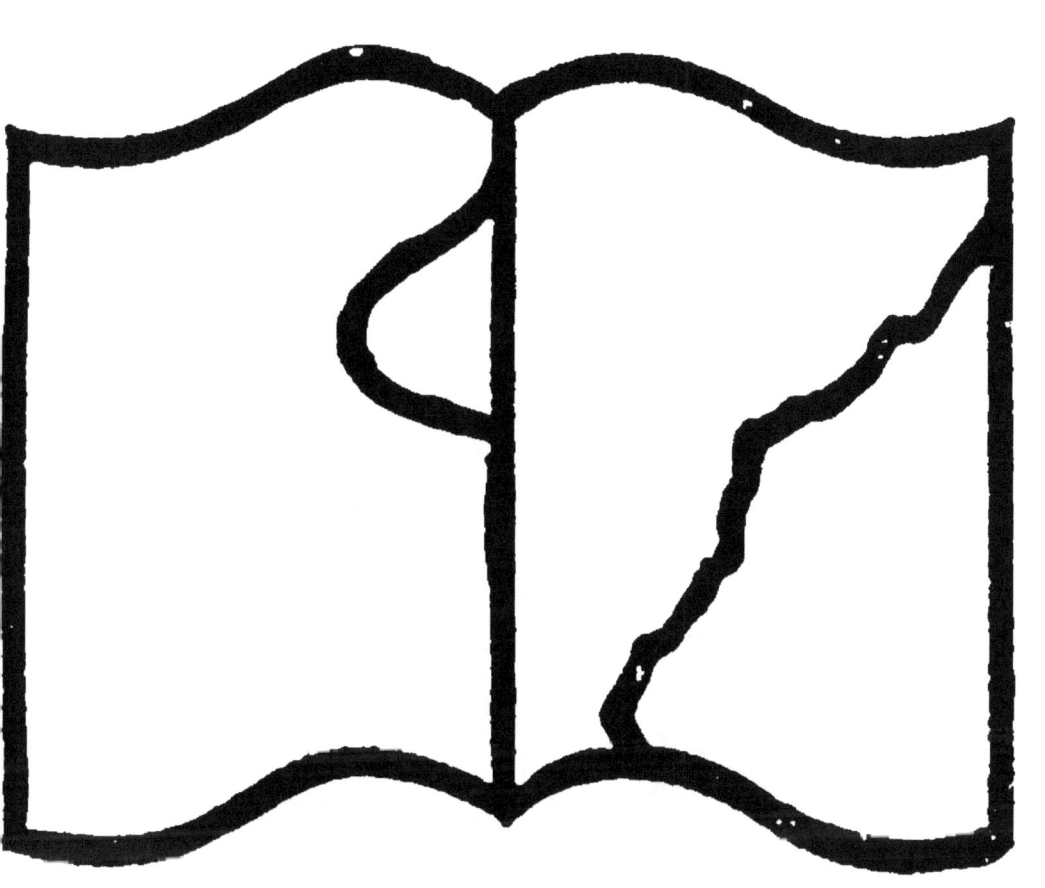

de jeter un coup d'œil sous la table : vous eussiez v‍
nos deux compères, le pied droit de l'un sur le pie‍
gauche de l'autre, se frapper doucement autant d‍

Fig. 54. — Curieuse partie de dominos.

coups sur l'orteil, que le domino posé amenait d‍
points à l'extrémité de la ligne, et rester immobiles s‍
c'était un blanc qui se présentait.

Il existe bien, il est vrai, une petite difficulté pou‍
les étourdis qui voudraient faire ce tour : c'est de s‍

plis maintenant. Le verre du milieu, à son tour est découvert, et le cylindre en carton qui le cachait est déchiré ostensiblement en mille morceaux, car on pourrait y remarquer le petit trou qui a livré passage au tuyau en caoutchouc et même y apercevoir quelques taches de liquide, produites au moment de l'enlèvement du tube mouillé. Mais les deux autres cylindres en carton, saisis délicatement entre le pouce et l'index, sont portés aux spectateurs, avec invitation d'examiner si l'on peut y distinguer autre chose qu'une feuille de carton et deux épingles.

Troisième procédé

On emploie comme dans la première manière de faire le tour, une bouteille dont le fond est percé et deux verres; ces objets sont posés sur trois socles formés chacun de quatre planchettes carrées, tous semblables d'aspect et représentés au bas de la figure 60; les socles B destinés à recevoir les verres n'ont rien de particulier; le socle A, sur lequel on posera la bouteille, est percé en son côté supérieur d'un trou T qui livre passage à un bout de tube de paille, mastiqué avec de la cire à cacheter dans le petit trou du fond de la bouteille ; en apportant celle-ci, on la tient de manière à ce que la paume de la main cache ce tube de paille qui, du reste, dépasse très peu ; on se rappelle que le liquide ne peut s'écouler lorsque la bouteille est bouchée.

Les verres et la bouteille sont recouverts avec des cornets P (figure 60) en papier très fort, dont le premier et le troisième, qui sont truqués, ont été préparés d'avance ; le dernier peut être fait sous les yeux des spectateurs.

Au sommet, à l'intérieur de chacun des cornets 1 et 3, est fixée avec de la cire à cacheter une coquille d'œuf C percée de deux trous : l'un dans le bas, auquel est adapté un tube de paille, l'autre *a* vers le haut, par côté, correspondant avec un trou semblable percé dans le cornet. Ces coquilles d'œufs remplacent les réservoirs des pyramides en fer-blanc ; on les garnit de vin ou d'eau par le petit trou *a* qui est ensuite bouché avec une boulette de cire qu'on enlèvera au moment voulu pour laisser écouler le liquide dans le verre placé au-dessous.

Immédiatement avant de couvrir la bouteille qui est sur le socle du milieu on la débouche, et son contenu s'écoule dans une petite cuvette V qu'on avait préparée sur la *servante* et qu'on a introduite secrètement par derrière dans le socle, ce qui est la chose du monde la plus facile.

appeler le chiffre qui termine la ligne d'un côté où l'on n'a pas posé depuis quelques instants; mais on n serait quitte pour ne plus mettre les dominos que d'un seul côté ou pour interroger, par un signe de convention, la mémoire plus fidèle peut-être de l'adversaire, qui répond alors de la manière indiquée plus haut.

XXXIX

MERVEILLEUSE SÉPARATION

 Sous le nom de *Pyramides* les prestidigitateurs connaissent depuis longtemps une jolie récréation, basée sur l'action de la pression atmosphérique et que nous allons décrire. Nous indiquerons ensuite, pour l'exécution du même prestige, deux autres procédés absolument nouveaux, où de simples cornets en papier, moins capables d'éveiller des soupçons, remplacent les pyramides en fer-blanc de l'ancienne manière.

Premier procédé

« Dans cette bouteille qui peut contenir deux verres de liquide, dit le prestidigitateur, je verse un verre de vin rouge et un verre d'eau. Voici trois socles en fer-blanc que l'on peut examiner (voyez la figure 55); sur celui du milieu, je place la bouteille, et, sur les deux autres, les verres vides; je recouvre chacun des trois objets de l'une de ces pyramides à quatre côtés, hautes de 25 à 30 centimètres, et surmontées d'un anneau; l'eau et le vin de la bouteille vont se séparer l'un de l'autre : chacun des deux liquides se transportera dans celui des verres que vous lui aurez assigné; regardez d'abord l'intérieur des pyramides, elles sont vides... Si vous y tenez absolument, monsieur, et bien que vous nous fassiez perdre le temps, je vous remets entre les mains cette pyramide, pour que vous puissiez bien vous convaincre qu'elle n'a pas de double fond ».

Après avoir, par cette dernière phrase, débitée d'un petit ton agacé, découragé les indiscrets qui auraient eu la tentation de réclamer les deux autres pyramides, le prestidigitateur se lance dans une savante dissertation sur l'utilité des signes cabalistiques, « visibles ou invisibles », qui ornent les pyramides. En même temps il dispose avec art un long ruban qui doit les relier entre elles en traversant les anneaux dont elles sont surmontées. Tout cela fait passer le temps et permet au prodige de s'accomplir; en effet, quand les pyramides sont enlevées, elles laissent voir, pleins jusqu'au bord l'un d'eau, l'autre de vin, les verres qui étaient vides tout à l'heure, tandis qu'il n'y a plus rien maintenant dans la bouteille.

Voyons de quelle manière les choses se sont passées.

MERVEILLEUSE SÉPARATION

Seule la pyramide du milieu n'a rien de particulier ; elle est formée de quatre triangles allongés, réunis l'un à l'autre par leurs grands côtés. Les deux autres pyramides, semblables en apparence, renferment à leur sommet un double réservoir formé par deux cloisons dont les bords sont très exactement soudés. La première de ces cloisons, qui est carrée, est fixée horizon-

Fig. 55. — Les pyramides et les socles.

talement à 10 centimètres environ du sommet de la pyramide ; la seconde, triangulaire, s'élève verticalement au milieu de la première ; elle est tangente par ses deux autres bords à deux côtés opposés de la pyramide et divise ainsi en deux parties égales le premier compartiment obtenu. Les deux réservoirs doivent être parfaitement étanches et n'avoir aucune communication entre eux ; la figure 56 les montre en coupe. Un petit trou (N ou B), percé vers la pointe de la pyramide, fait communiquer avec l'air extérieur chaque réservoir, au fond duquel est adapté un petit tube long de 2 à 3 centimètres et de très faible diamètre.

Pour remplir les réservoirs, on bouche provisoirement l'extrémité des petits tubes avec une boulette de cire, et, au moyen d'un entonnoir qui peut être formé d'une coquille d'œuf et d'un brin de grosse paille, réunis avec un peu de cire à cacheter (E de la figure 55), on verse dans les pyramides par les petits trous N et B, d'un côté de l'eau et de l'autre côté du vin; on bouche ensuite avec une boulette de cire blanche le trou B qui correspond au réservoir d'eau; le trou N, qui correspond au réservoir de vin, est bouché avec de la cire noircie par de la plombagine grattée d'un crayon, qu'on y a mélangée. On débouche ensuite les petits tubes qui sont au bas des réservoirs; la pression atmosphérique empêchera les liquides de s'écouler tant que resteront bouchés, par les boulettes de cire, les trous qui sont au sommet.

Le côté supérieur du socle que l'on met au milieu est percé, à l'un de ses angles, d'un trou T vers lequel il doit y avoir une légère pente de la surface; un second trou, plus petit, percé vers un angle opposé laissera sortir l'air; les deux autres socles, que l'on a fait passer entre les mains des spectateurs, ne sont pas préparés. Pyramides et socles peuvent être construits pour un prix modique par n'importe quel ouvrier ferblantier. On recouvrira ensuite ces objets d'une couche de vernis noir à l'alcool et de dorures fantastiques faites avec les bronzes en poudre que l'on trouve chez les marchands de couleurs.

La bouteille qui sert à l'expérience doit avoir également le fond percé d'un petit trou (voir chapitre XXVIII, page 147, la manière de percer le verre).

Fig. 56. — Les pyramides sur les socles (coupe).

Ce trou est d'abord bouché avec une boulette de cire que l'on écarte d'un coup d'ongle au moment où l'on recouvre la bouteille, dont le contenu s'écoule aussitôt dans le socle.

Les verres étant, de même, recouverts de leurs pyramides, on fait sauter une des boulettes de cire pour laisser pénétrer l'air dans celui des deux réservoirs dont on veut faire écouler le liquide. On voit, dans notre figure 56 où les pyramides sont représentées en coupe, que, à droite, c'est l'eau qui s'écoule du réservoir E, la boulette blanche B ayant été enlevée, tandis que le vin reste suspendu dans le réservoir V, dont le trou supérieur reste bouché par la boulette N. Le contraire a lieu pour la pyramide de gauche.

L'intérieur des pyramides doit être peint en noir mat ; cela permet de le montrer sans qu'il soit possible, à une certaine distance, d'en distinguer le double fond. On montre d'abord ainsi la pyramide du milieu en la plaçant un peu en arrière d'une bougie ; puis on fait voir les deux autres, en plaçant leurs bords un peu en avant de la bougie.

Telle est l'ancienne manière de faire le tour des trois pyramides ; voyons les deux autres.

Deuxième procédé

On supprime les socles employés dans la récréation précédente, on remplace les pyramides en fer-blanc par de gros cylindres, formés d'une simple feuille de carton enroulée et retenue par deux épingles, et, à la place de la bouteille du milieu, on met un verre qui reçoit le mélange d'eau et de vin. Les trois verres ayant été cachés pendant un instant, celui du milieu apparaît vide, et ceux des côtés qui étaient d'abord vides, renferment, l'un du vin pur, l'autre de l'eau : il est permis d'y goûter ; on montre en même temps que ces trois cylindres en carton ne présentent rien de particulier.

Il faut faire construire par un ferblantier les deux

Fig. 57. — Appareils pour les cylindres de carton.

petits appareils très simples que notre figure 57 fait voir sur la *servante*, derrière la table, posés sur des ronds de serviettes. Un enlèvement découvre l'intérieur de l'un des deux ; dans le fond est adapté un petit tube de sept à huit millimètres de diamètre ; une broche b, formée d'une moitié d'aiguille à tricoter, est mastiquée d'une part dans ce tube avec de la cire et se trouve maintenue dans sa position verticale en traversant, à son extrémité supérieure, le point central d'un disque de liège, un bouchon de pot de moutarde, si l'on veut.

Un petit croisillon en fil de fer tordu sur lui-même, et plus long que le diamètre du petit tube, est fixé à peu de distance de l'extrémité inférieure de la broche, pour empêcher plus tard celle-ci de descendre complètement quand on la poussera. Enfin, de chaque côté du cylindre, en haut, sont soudées deux petites lames recourbées en forme de crochets (voyez la figure 57).

Fig. 58. — Écoulement du liquide dans le verre.

Les deux réservoirs que nous venons de décrire, remplis l'un d'eau, l'autre de vin, sont placés, avant la séance, dans deux des cylindres en carton, comme le montre la figure 58. Le troisième cylindre est percé latéralement, à la hauteur convenable, d'un peti trou que traverse un tuyau en caoutchouc qui se coude à cet endroit, et dont une extrémité pend jusque derrière la table ; ce tuyau sert de siphon (figure 59). En recouvrant avec le cylindre en carton le verre plein de liquide, on y fait entrer la courte branche du siphon, dont la longueur doit être calculée de manière à ce qu'elle arrive exactement au fond du verre. Un *servant*, caché sous la table, recouverte pour cette circonstance d'un tapis qui vient jusqu'à terre, amorce le siphon par

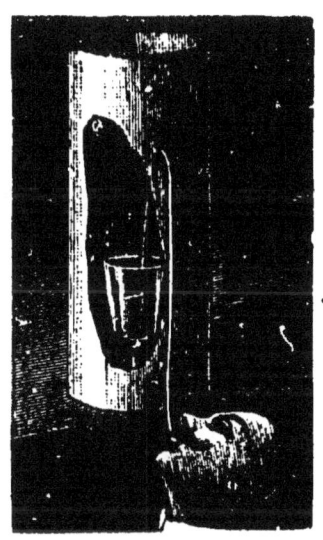

Fig. 59. — Le cylindre à siphon.

succion, reçoit le liquide dans un vase — s'il ne préfère le boire, et tire à lui le tuyau, profitant pour ce dernier mouvement d'un moment où le prestidigitateur maintient de sa main étendue le cylindre en carton, sous prétexte de passes magiques.

Si l'on a laissé aux spectateurs le soin de désigner le verre qui doit recevoir le vin ou l'eau, on ne cache les deux verres qu'après que le choix en a été fait, et l'on met au-dessus de chacun celui des cylindres en carton qui renferme le réservoir convenable. En même temps, on appuie le doigt sur l'extrémité supérieure de la broche pour la faire descendre et laisser couler le liquide.

L'opération terminée, le physicien saisit par le haut, à pleine main et simultanément à droite et à gauche, les cylindres en carton, pour découvrir les deux verres des côtés, tout en serrant d'une part avec le pouce, d'autre part avec l'index, les deux petits crochets recourbés des réservoirs. Il pose les cylindres droits sur la table à côté des verres, et conserve les réservoirs qu'il laisse tomber aussitôt sur la *servante*, en appuyant négligemment ses mains, pendant un instant, contre le rebord postérieur de la table. Comme la hauteur de ces petits appareils est un peu inférieure à la largeur de la main (nous avions oublié de le dire), cet enlèvement passe inaperçu, ainsi que le rapide mouvement qui est fait pour les laisser tomber derrière la table, d'autant mieux, qu'à ce moment les regards des spectateurs se sont *précipités*, pour ainsi dire, à droite et à gauche, sur les deux verres, vides tout à l'heure, rem-

L'expérience terminée, on peut froisser entre les mains et rouler en boule les cornets truqués 1 et 3 :

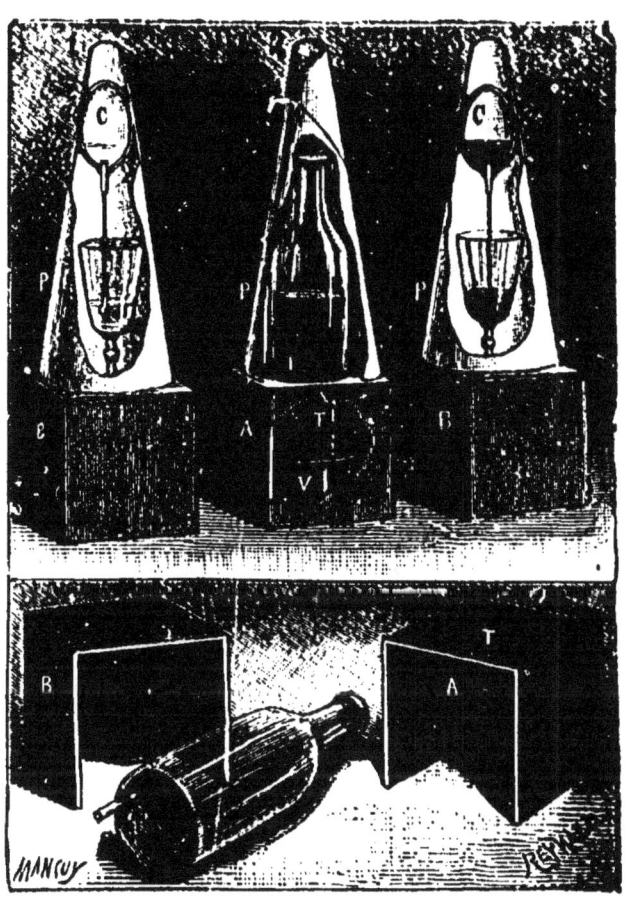

Fig. 60. — Cornets truqués, bouteilles et socles.

les coquilles vides, qui sont à l'intérieur, se briseront sans résistance.

Ainsi présenté, le tour des trois pyramides surprend beaucoup les personnes qui connaissent l'ancien pro-

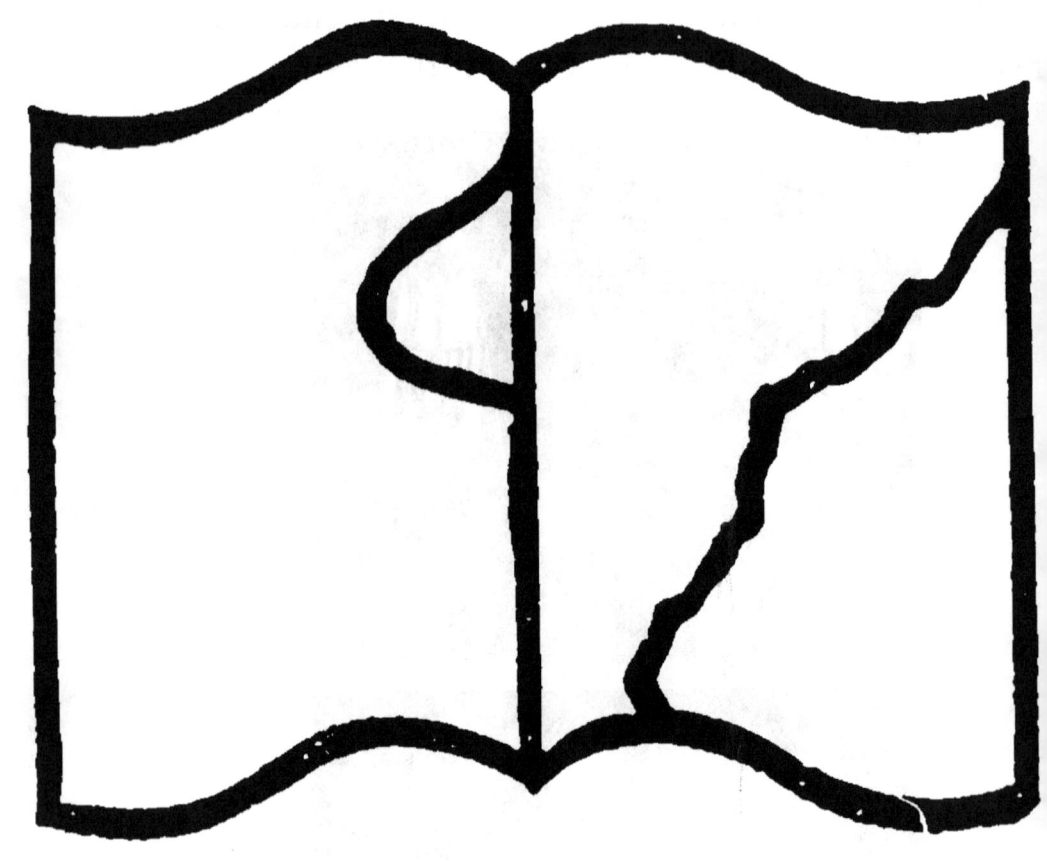

Texte détérioré — reliure défectueuse
NF Z 43-120-11

cédé et qui sont complètement déroutées à la vue des trois socles employés et des cornets en papier dans lesquels on ne peut même pas supposer la présence de réservoirs.

De semblables cornets, bien faciles à préparer, rendront service chaque fois qu'on voudra *faire passer* invisiblement un liquide quelconque dans un verre ou dans tout autre récipient.

XL

L'OMELETTE DANS UN CHAPEAU

C'est un tour qui a le don d'exciter l'hilarité des spectateurs, surtout quand le propriétaire du chapeau laisse paraître son inquiétude à la vue des mauvaises plaisanteries du prestidigitateur, qui essuie sur les bords du précieux couvre-chef le couteau avec lequel il a travaillé la pâte de la brioche, verse dans la coiffe la stéarine des bougies, et même de l'alcool, qu'il enflamme sous prétexte de chauffer le four.

Cette récréation se fait de vingt manières différentes ; voici deux procédés simples et pratiques :

« Je n'ai point besoin, dit le prestidigitateur, de me servir d'un vase spécial pour faire cuire une brioche dans ce chapeau ; voici trois œufs... maladroit que je suis ! je viens d'en laisser tomber un qui s'est brisé sur le tapis, la brioche sera maintenant trop petite... N'importe, je casse les deux œufs qui me restent, et j'en verse le contenu dans le chapeau ; voici les coquilles.

Ajoutons un peu de farine, remuons le tout avec ma baguette, et passons lentement le chapeau au-dessus de la flamme de cette bougie... Messieurs et mesdames, je vous offre une superbe brioche. »

C'est par une feinte maladresse que le premier œuf a été brisé, dans le but d'écarter de l'esprit des spectateurs les soupçons d'une préparation quelconque, mais les deux autres œufs étaient vides. Pour ne pas s'exposer à tacher l'intérieur du chapeau, il faut, après avoir vidé ces œufs en faisant un petit trou à chaque bout, et soufflant fortement d'un côté pour en faire sortir le contenu par l'autre extrémité, mettre les coquilles ainsi vidées dans l'eau bouillante pendant quelques instants, afin que la chaleur coagule ce qui aurait pu rester de blanc et de jaune à l'intérieur. La brioche préparée d'avance sur une *servante* est jetée au passage dans le chapeau.

Le deuxième procédé que nous allons indiquer, produit beaucoup d'effet et déroute ceux qui connaissent les différents systèmes de pots et de timbales que l'on emploie ordinairement pour le tour de « l'omelette dans un chapeau ».

Procurez-vous un biscuit ou une brioche de forme haute; faites-y, par-dessous, un trou suffisant pour loger un encrier en verre (n° 2, figure 61) de la forme bien connue et qu'on appelle inversable parce que, si l'encrier est mis sur le flanc, le liquide qu'il renferme est retenu entre les côtés du vase et l'espèce d'entonnoir qui en forme l'orifice.

Fig. 61. — Récipients pour le tour de l'omelette.

Le gâteau, muni de cet encrier, est placé secrètement, sens dessus dessous dans le chapeau, que notre vignette représente avec une déchirure pour en laisser voir l'intérieur. On casse un œuf dont on verse réellement le contenu dans le chapeau, mais en prenant bien soin de faire tomber le liquide dans l'encrier. Après les simagrées de rigueur, on applique une petite assiette vide, que l'on montre d'abord dans tous les sens, sur le gâteau, à l'intérieur du chapeau, et l'on retourne vivement le tout.

On s'empresse d'offrir quelques tranches de la merveilleuse pâtisserie aux spectateurs, mais sous prétexte de conserver un certain aspect à ce gâteau « que l'on réserve en partie pour un dîner de famille », les tranches sont coupées horizontalement en commençant par le haut et l'on s'arrête avant d'arriver au niveau de l'encrier qui a reçu et renferme le contenu de l'œuf. Il n'est pas inutile d'employer l'assiette pour retourner le gâteau, afin d'éviter plus sûrement de faire des taches. Enfin, on pourra enjoliver l'expérience en versant doucement dans l'encrier, par-dessus l'œuf, un peu d'alcool auquel on mettra le feu. Les amateurs de calembours ne manquent pas d'ajouter dans ce cas, en forme de réflexion, que cette dernière opération est indispensable quand le monsieur qui a prêté le chapeau n'a pas la tête chaude.

Si l'on tenait à avoir un récipient plus commode et de plus grande capacité que l'encrier, on pourrait faire faire par un ferblantier le petit appareil que montre en coupe le numéro 3 de la figure 61; en donnant à l'ouvrier une vieille boîte de cirage ou de conserves, il n'aura plus qu'à y souder les deux morceaux de dessus que l'on voit dans la vignette (n° 3, figure 61); celle-ci est assez claire pour nous dispenser de plus amples explications.

XLI

MONTRE BRISÉE

 oulez-vous, messieurs, que votre montre marche désormais avec une régularité parfaite, sans pouvoir jamais plus se déranger? Mettez-la dans un mortier, brisez-la, réduisez-la en poudre impalpable, dont vous vous servirez pour charger un pistolet : tirez ensuite sur un chapeau *noir* — je mets les points sur les *i* — la montre s'y fixera intacte. »

Et voici qu'en effet, le prestidigitateur met dans un énorme mortier en bois, la montre qu'on vient de lui prêter. Il frappe, il pile, il triture les morceaux qu'on entend crier sous les coups; ensuite, il vide le mortier sur une assiette. On ne distingue plus qu'une boîte bosselée, des rouages brisés, des morceaux de ressorts, des fragments de verre; le tout sert à charger un pistolet *tromblon*. On prend pour cible le chapeau d'un spectateur, le coup part... bravo! la montre est fixée au milieu (voyez la figure 64).

N'allez pas dire aux horlogers, qui vous a enseigné

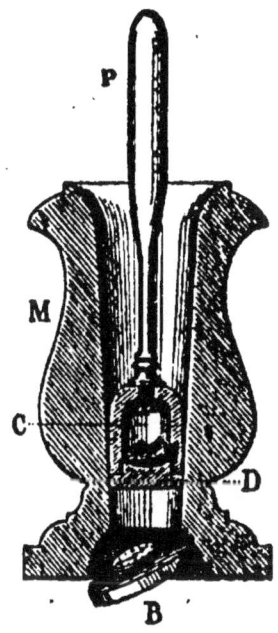

Fig. 62. — Pilon et mortier (coupe).

ce secret; ils seraient furieux, car vous sentez bien que c'est là leur ruine!

Occupons-nous d'abord du pilon et du mortier truqués ; n'importe quel tourneur sur bois se chargera de les construire tels que les montrent nos dessins.

Le pilon (voyez la figure 62) est formée d'une tige P, servant de manche, et d'un gros bout C, qui est creux, et se ferme dans le bas par un disque D, qui peut se dévisser à volonté. C'est dans cette sorte de boîte que l'on place, avant la séance, des débris de toutes sortes, rouages, vieille boîte de montre bosselée, frag-

Fig. 63. — Trituration de la montre.

ments de verre, que l'on fera passer ensuite pour être les morceaux de la montre pilée.

Le mortier, qui est d'une seule pièce, n'a qu'un fond factice formé d'un disque de bois B, mobile sur deux chevilles servant de pivots, et que l'on peut faire basculer à volonté.

Dès que la montre a été déposée dans le mortier, le

prestidigitateur, tenant l'appareil comme le montre la figure 63, fait jouer le fond B, et reçoit la montre dans le creux de la main gauche. De la main droite, il simule un mouvement énergique de trituration. Mais, comme on le voit dans la figure 62, le mortier, en forme d'entonnoir, va en se rétrécissant, de telle sorte que le gros bout du pilon n'en peut atteindre le fond et que s'il est enfoncé avec force, le disque D qui le termine se trouve pris, et suffisamment retenu, pour rester maintenu immobile quand on fait tourner la partie supérieure du pilon pour la dévisser. La boîte C est ainsi ouverte, et les débris qu'on y avait renfermés restent libres sur ce disque D, qui forme dès lors un nouveau fond à l'intérieur du mortier; on peut donc, en retournant celui-ci, les faire tomber dans une assiette.

Le prestidigitateur, conservant toujours dans le creux de sa main la véritable montre, va chercher le chapeau qui doit servir de cible.

Tout en retournant à sa table avec le chapeau emprunté à un spectateur, le prestidigitateur y accroche secrètement, au moyen d'une épingle recourbée en forme de crochet, la montre dissimulée dans sa main gauche, et met le chapeau, la montre tournée par derrière, sur une carafe qui se trouve *oubliée* sur un guéridon, après avoir servi à une précédente récréation.

Cette carafe n'est pas posée directement sur la table, comme le pensent les spectateurs, mais sur un disque mobile D qui fait partie du petit appareil que

Fig. 64. — Apparition de la montre.

nous allons décrire et que montrent les figures 65 et 66.

Au milieu d'une planchette carrée, est planté un petit pivot en bois A, à droite et à gauche duquel sont deux petits arrêts B, que nous appellerions *butoirs* si le mot était français ; sur le pivot A est un plateau D en bois, tel qu'on en vend dans les bazars pour recevoir les bouteilles de vin afin de préserver la nappe. Sous ce plateau est collée à plat une poulie P percée au centre d'un trou dans lequel peut entrer aisément le pivot A et que l'on fera faire par un tourneur, en même temps que le mortier et le pilon décrits au com-

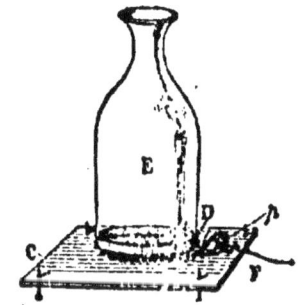

Fig. 65. — La carafe sur le support tournant.

mencement de ce chapitre ; sous le plateau, et sur un même diamètre, sont plantées deux chevilles qui viendront se heurter contre les *buttoirs* B et empêcher ainsi le plateau de faire plus d'un demi-tour sur lui-même ; ajoutons qu'un fil de soie noire est attaché à la poulie dont il fait le tour, et passe ensuite soit dans une boucle, soit dans une petite poulie p qu'on peut se procurer chez les quincailliers ; l'autre extrémité du fil est aux mains d'un *servant* caché dans la coulisse, derrière un paravent ou dans une chambre voisine.

Quand les spectateurs sont à une certaine distance de la table du prestidigitateur, et surtout s'ils sont placés plus bas que le bord de la table, l'appareil peut sans inconvénient, être simplement posé sur un guéridon ; un foulard, ou tout autre objet laissé sur la table, par devant, suffirait au besoin à le cacher ; mais si l'on dispose d'une table construite spécialement pour la prestidigitation, on y fait pratiquer un trou

Fig. 66. — Le support tournant.

rond à la surface, de manière à ce que notre appareil puisse être noyé dans la table et que le bord du plateau B, en affleure le niveau ; quatre clous C enfoncés par-dessous aux quatre coins de la planchette, suffisent pour la fixer solidement.

Tout étant donc disposé ainsi que nous venons de le dire, le prestidigitateur, ayant reçu la montre dans sa main gauche où il tenait cachée une épingle recourbée, la fixe au chapeau qu'il a emprunté, et, comme nous l'avons dit, tourne celui-ci de telle sorte que les spectateurs ne puissent pas voir la montre ; au moment où le coup de pistolet part, le servant tire brusquement le fil, le chapeau fait demi-tour, et personne n'aperçoit autre chose qu'un balancement violent du chapeau, mouvement qui, tout naturellement, est attribué au choc produit par la montre partie du pistolet tromblon.

XLII

LES DRAPEAUX

Un magicien, messieurs, n'a besoin que de choses insignifiantes pour opérer les plus jolies transformations ; voici trois morceaux de papier à fleurs, de la dimension d'une carte postale : un rouge, un blanc, un bleu ; je froisse ces papiers entre mes mains, j'en forme une boule que j'écrase, que je roule, et je produis ce charmant petit drapeau en papier. Je continue : voici un second, un troisième drapeau... un paquet de drapeaux qui grossit toujours ; il y en a des douzaines, un cent ; j'en ferais des milliers ; prenez à droite, à gauche, il y en a une poignée pour chacun de mes spectateurs ; vous croyez peut-être que mes mains se vident ? regardez donc : les drapeaux continuent à y naître de plus en plus nombreux. Et maintenant que tout le monde est servi, je garde celui-ci pour moi, mais je le veux plus grand, plus beau, je souffle..... Voyez encore ! »

A ces mots, le prestidigitateur écarte les bras et agite en l'air un magnifique et immense drapeau tricolore en soie, dont la hampe est dorée.

Ce tour est des plus gracieux, et ne demande, pour être exécuté convenablement, qu'une adresse très ordinaire et un peu d'exercice. Pour plus de facilité, notre manière d'opérer différera un peu de celle en usage chez les artistes escamoteurs.

Commencez d'abord par fabriquer deux ou trois cents petits drapeaux, de la manière suivante :

Coupez en longues bandes de deux centimètres de largeur, des feuilles de papier à fleurs rouge, blanc, bleu, que vous collerez ensemble par leurs bords dans le sens de la longueur; divisez en morceaux de quatre centimètres de hauteur la bande tricolore ainsi obtenue et collez l'extrémité bleue de chaque fragment, en la repliant très peu, sur une petite hampe (en fil de fer, en bois taillé très menu ou en paille), longue de 8 à 10 centimètres; vous obtiendrez en fort peu de temps une grande quantité de petits drapeaux comme celui que l'on voit en D dans la figure 67.

Réunissez vingt de ces drapeaux que vous roulerez ensemble en les serrant le plus possible, pour en former un paquet P retenu par deux fils de soie très minces. Faites une douzaine de ces paquets et distribuez-les dans vos manches, sur votre poitrine, sous le gilet, derrière le revers de votre habit, au moyen d'une épingle.

Tandis que de la main droite vous montrez les

Fig. 67. — Les drapeaux.

trois petites feuilles de papier à fleurs et que votre bras gauche est pendant, la main gauche reçoit l'un des petits paquets qui descend de la manche, puis elle se réunit aussitôt à la main droite, pour froisser et rouler en boule les trois feuilles; les deux mains prennent ensuite la position que montre la figure 67; on fait glisser les petits fils de soie qui attachent le paquet et, par un frottement des pouces et des poignets, on fait rouler vivement en avant et en arrière les hampes des petits drapeaux pour les dégager les uns des autres; on en fait paraître d'abord un au-dessus des doigts; les autres le suivent bientôt; on commence alors la distribution, pendant laquelle, soit en se baissant pour donner un drapeau à un petit enfant, soit en se retournant, on s'empare successivement, le plus habilement possible, des autres paquets; la chose est plus aisée qu'il ne paraît.

Le tour pourrait se terminer là, mais l'apparition du grand drapeau est d'un bel effet pour finir.

La hampe se compose de trois tubes de métal rentrant l'un dans l'autre, comme les différentes pièces d'un tube de lunette d'approche.

Un amateur peut s'amuser à construire ces tubes en carton; voici comment:

Sur un crayon huilé pour empêcher l'adhérence, on enroule, en les serrant bien, des feuilles de papier fort, enduites de colle forte. Quand on a obtenu une épaisseur de 3 millimètres on s'arrête et on laisse sécher: c'est le tube numéro 1 qui remplacera le crayon pour former le tube numéro 2; celui-ci à son tour, servira pour enrouler le papier du suivant : quatre ou cinq tubes suffisent.

A chaque extrémité de ces tubes on collera en forme d'anneau, intérieurement dans le haut, extérieurement dans le bas, une petite bande de papier bristol, large d'un demi centimètre, pour former un arrêt qui empêchera les tubes de sortir les uns des autres quand on leur donnera tout leur développement; on peut peindre cette hampe en brun ou la dorer avec du bronze en poudre.

L'étoffe du drapeau est de soie afin d'occuper le moins de place possible quand elle est repliée le long de la hampe raccourcie; elle n'est attachée que par deux coins à deux petits anneaux formés en fil de fer et fixés tout en haut des tubes 1 et 3 (G, figure 67).

Quand il est convenablement replié, ce drapeau se loge très bien dans la manche de l'habit, entre le poignet et le coude du bras gauche. Au moment où il souffle sur le dernier petit drapeau en papier qui lui reste, le prestidigitateur saisit l'extrémité supérieure de la hampe qu'il a fait sortir légèrement de la manche, un moment auparavant, et que cache maintenant la paume de sa main, et, écartant vivement les bras, il développe l'étendard et l'agite dans tous les sens pour empêcher, quand la hampe est en carton, qu'on puisse voir de quelle manière elle est formée. Il est donc préférable, quand on le peut, d'employer de minces tubes en laiton, ou certaines tringles à coulisse que l'on se procure assez facilement chez les quincailliers.

N'oubliez pas que dans ce tour il est de rigueur, si l'on a le concours d'un orchestre ou d'un même simple piano, de faire entendre la Marseillaise au moment de l'apparition du grand drapeau. Je sais des entêtés qui feront un drapeau jaune afin de pouvoir jouer l'hymne russe !

XLIII

LE BILLET BRULÉ

oici un carré de papier ; j'invite un spectateur à y tracer quelques lignes. Pour qu'on ne puisse pas me soupçonner d'escamoter le billet ou de prendre connaissance de son contenu, je le reçois, plié en huit, dans une petite fente pratiquée au bout de cette règle, et, sans même le toucher de la main, je le brûle à la flamme d'une bougie et j'en disperse les cendres au vent. Nous avons ici une corbeille remplie de petites brioches; on m'en désignera une au choix et c'est dans celle-là que l'on retrouvera, intact, le billet qui vient d'être brûlé : on peut ouvrir les autres brioches, elles ne renferment rien. »

Tout se passe comme il a été dit, grâce au couteau préparé que montre la figure 68 et qui peut être employé pour des tours variés, dans tous les cas où l'on veut introduire secrètement un billet dans un gâteau, un fruit, un petit pain. Tout serrurier transformera facilement et pour un prix modique, de la même manière, un couteau de table, en se guidant sur le dessin ci-dessous qui dispense de longues explications.

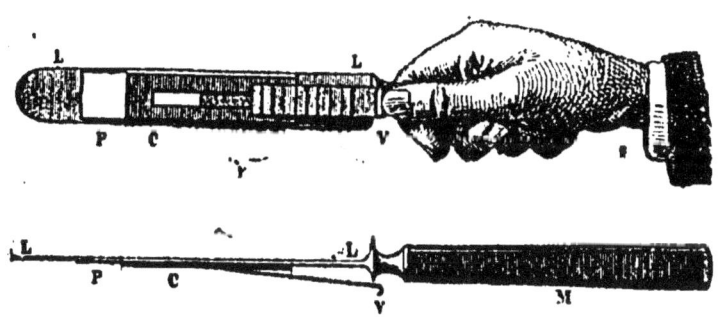

Fig. 68. — Le couteau au billet.

Le couteau, fort bien représenté, y est vu de face et de profil, et, dans les deux vignettes, les mêmes lettres désignent les mêmes parties de l'objet. L est la lame, M le manche du couteau; C une espèce de coulisse dans laquelle on introduit le billet P plié de la manière convenable : V est une sorte de verrou que l'opérateur fait glisser en avant avec le pouce, au moment où il va retirer la lame, après l'avoir introduite dans la brioche, comme le montre la figure 69.

La règle qui reçoit le billet porte à chaque extrémité une entaille semblable, et celle des deux extrémités

Fig. 69. — Introduction du billet dans le pain.

qui est cachée dans la paume de la main du prestidigitateur, a été garnie secrètement d'un autre billet, plié comme le premier; pendant qu'il a le dos tourné, l'opérateur fait changer rapidement de place les deux billets en retournant la règle; c'est donc le faux billet qu'il brûle; et, en allant prendre dans un coin le couteau truqué, il y place celui qu'il avait conservé dans sa main.

On pourrait encore donner une autre forme à l'expérience.

Deux billets, contenant des textes différents : prédictions, affirmations, désignation de personnes ou d'objets, choix à faire ou décisions à prendre, seraient placés ensemble, du même côté, au bout de la règle, et l'on annoncerait que le feu consumera seulement celui des deux textes qui est à écarter, et que l'autre indiquant l'effet, le résultat, la solution vraie ou préférable, se retrouvera seul, intact dans le petit pain.

XLIV

LA LUNETTE MAGNÉTIQUE

ette merveilleuse lunette permet à notre regard de traverser les corps opaques. Si vous en doutez, mettez-moi à l'épreuve et vous serez aussitôt convaincus. Voici une boîte dans laquelle sont huit planchettes carrées, qui portent chacune un chiffre différent. Placez les chiffres dans un ordre quelconque, fermez la boîte, dont le couvercle est tout ce qu'il y a de plus opaque; au moyen de ma lunette magique je lirai, sans ouvrir la boîte, le nombre que vous y aurez formé ».

C'est à peu près en ces termes que les physiciens annoncent à leur public les deux jolies récréations pour lesquelles nous emploierons la lunette magnétique, que, si vous le voulez bien, nous allons construire nous-même : ce sera l'amusement d'une soirée. Mais, rappelons d'abord brièvement les deux propriétés des aimants, que nous allons mettre à profit.

Une aiguille aimantée, suspendue librement, se dirige d'elle-même dans la direction du nord au sud, et elle y revient quand on l'en écarte. C'est toujours le même côté de l'aiguille qui regarde le nord, et ce côté s'appelle le *pôle nord* de l'aimant, dont le côté opposé est appelé le *pôle sud*.

Si au-dessus du milieu et tout près d'un barreau aimanté, on place une aiguille aimantée, qui puisse tourner librement sur un pivot, celle-ci ne suit plus la direction nord-sud, mais elle se place parallèlement à l'aimant, et les pôles de nom contraire sont en regard : le pôle sud de l'aiguille se met du côté du pôle nord de l'aimant, quelle que soit d'ailleurs la direction de celui-ci. Enfin, on sait qu'une boussole n'est autre chose qu'une aiguille aimantée, montée sur un pivot autour duquel elle tourne librement.

Cachons un barreau aimanté dans une planche où il sera noyé, et plaçons une boussole à l'endroit où se trouve, dans la planche, le milieu de l'aimant : l'aiguille se placera aussitôt parallèlement à lui.

Faites un tube en carton L, figure 70 ; longueur 15 centimètres, diamètre 3 centimètres ; fermez ce tube à une extrémité par un disque de carton D, percé d'un trou rond qui sera l'oculaire de la lunette ; vers l'autre extrémité, à 1 centimètre du bout, pratiquez deux ou quatre fentes F, diamétralement opposées les unes aux autres, longues de 3 centimètres, larges de 6 à 7 millimètres.

Faites ensuite une sorte de couvercle C, dans lequel

Fig. 70. — La lunette magnétique et les chiffres.

votre tube L puisse entrer à frottement dur. Ce couvercle est également un tube en carton, très court; il a 6 ou 7 centimètres de longueur et est fermé à une extrémité par un disque en carton non percé : il porte aussi deux ou quatre fentes F qui peuvent venir se placer exactement sur celles du grand tube; mais les fentes du couvercle C ne restent pas à jour comme les premières : elles sont cachées extérieurement par un mince papier blanc qui recouvre entièrement cette pièce sur laquelle il est collé.

Quand la partie L de la lunette est enfoncée jusqu'au bas du couvercle qui en forme la partie inférieure — et il doit toujours en être ainsi — on ne peut soupçonner l'existence des fentes pratiquées dans les deux tubes; si on place ces fentes en regard les unes des autres, on voit clair au fond de la lunette, en mettant l'œil à la partie supérieure, tout près de l'oculaire, car il passe de la lumière à travers le papier blanc qui recouvre la pièce extérieure C; mais que l'on fasse tourner un peu les deux tubes en sens contraire, les fentes sont bouchées, il fait nuit au fond du tube et l'on ne peut apercevoir une petite boussole qui s'y trouve placée, fixée tout à fait en bas du grand tube avec du mastic ou de la cire à cacheter.

La boîte aux chiffres peut être en bois ou en carton; ses dimensions intérieures sont les suivantes : longueur 24 centimètres, largeur 3 centimètres; profondeur 7 à 8 millimètres. Dans cette boîte se placent, l'une à côté de l'autre, huit petites planchettes carrées, ayant 3 centimètres de côté et 7 millimètres d'épaisseur; elles sont peintes en blanc et portent chacune un chiffre différent.

Avant de peindre les planchettes ou de les recouvrir

Fig. 71. — La boîte aux fleurs et les tiges aimantées.

de papier on y a pratiqué une rainure de la dimension voulue pour y loger un petit barreau aimanté, long de deux centimètres et demi, qui n'est autre chose qu'un morceau d'aiguille à tricoter.

Pour aimanter une aiguille à tricoter, on la frotte, d'une extrémité à l'autre, et toujours dans le même sens, avec un aimant naturel ou artificiel; si l'on brise ensuite l'aiguille, chacun des fragments constitue un aimant qui a ses deux pôles distincts.

Le petit aimant ayant été logé dans sa rainure, les trous sont bouchés et la surface de la planchette est égalisée avec du mastic de vitrier.

Chaque aiguille aimantée est placée dans une position dfférente, qui est indiquée par un pointillé sur les chiffres que l'on voit en haut de la figure 70; la petite croix marque le côté du pôle nord des aimants; le milieu de l'aimant doit passer exactement au centre du carré formé par la planchette.

On comprend maintenant comment les choses se passent: l'aimant de la planchette agit à travers le couvercle de la boîte sur l'aiguille mobile de la boussole, dont la direction fait connaître le chiffre qui est placé au-dessous.

Une remarque à propos des boussoles qu'on trouve dans le commerce, et dont les aiguilles ont, sur une moitié, la teinte bleue de l'acier recuit, tandis que, sur l'autre moitié, cette teinte a été enlevée: d'après l'usage généralement admis, on a adopté la teinte bleue pour le côté de l'aiguille qui se tourne vers le nord.

Si donc l'aiguille prend une direction parallèle aux petits côtés de la boîte, on aura les chiffres 1 ou 2; ce sera 1 si le bleu de l'aiguille est tourné en bas; une direction de l'aiguille, parallèle aux grands côtés de la boîte indiquera 3 ou 4; si le bleu est à droite ce sera 3, s'il est à gauche, ce sera 4; de la même manière une diagonale de droite à gauche en descendant, indiquera 5 ou 6, et une diagonale de gauche à droite, 7 ou 0.

On lit successivement chaque chiffre en posant la lunette sur le couvercle, exactement à la place où se trouve le centre de chaque numéro, marqué sur le couvercle par un point de repaire.

L'expérience est quelquefois présentée sous une autre forme.

« Voici trois fleurs : une rose, une marguerite et un œillet. Plantez secrètement, à votre choix, l'une ou l'autre de ces fleurs dans la petite boîte en carton que je pose devant vous, et placez sur le tout ce couvercle qui cachera la fleur à mes yeux ; malgré cela, au moyen de la lunette magique, je verrai clairement quelle est la fleur qui se trouve dans la boîte. »

La tige sur laquelle sont montées les fleurs artificielles est formée, pour la marguerite (n° 2) et l'œillet (n° 3), d'une aiguille à tricoter aimantée; pour la rose (n° 1), d'un fil de laiton de mêmes dimensions. Les lettres N et S figure 71 (page 239), indiquent que, dans la marguerite, le pôle nord de l'aimant est en bas, et que c'est le contraire pour l'œillet. A la fleuriste de dissimuler le mieux possible, par la disposition du feuillage, la raideur de la tige. Toutes les tiges secondaires devront être en fil de laiton et non pas en fil de fer.

Pour que les fleurs puissent se tenir droites dans la petite boîte, on a rempli celle-ci de sable fin, ou mieux, elle a été garnie de morceaux de moelle de sureau, disposés verticalement et serrés les uns contre les autres.

On place la lunette contre la partie supérieure de la boîte qui renferme la fleur, ainsi que le montre la vignette. Si la marguerite est dans la boîte, on voit à l'intérieur de la lunette que le côté nord de la petite aiguille aimantée est attiré par le pôle sud de l'aimant caché dans la fleur; si l'œillet a été choisi, c'est le côté sud de l'aiguille qui est attiré. Enfin, si en faisant tourner la lunette sur elle-même on voit l'aiguille aimantée conserver la direction nord-sud, on en conclura que c'est la rose qui a été mise dans la boîte, à moins que, pour vous jouer un tour, on n'y ait placé aucune des trois fleurs. Nous ne voyons guère qu'un moyen d'éviter cet inconvénient, c'est d'employer deux fleurs seulement : dans ce cas, si l'on constate que l'aiguille aimantée de la petite boussole n'est pas influencée, on pourra dire en toute assurance que l'on ne voit rien dans la boîte, parce que rien n'y a été mis.

Un bon monsieur, fort distrait, que cette récréation

étonnait beaucoup, et qui demandait à voir l'intérieur de la lunette, fut encore plus surpris quand le petit espiègle de douze ans qui la lui présentait, et qui était tout heureux de passer pour sorcier, lui affirma que la merveilleuse lunette pouvait à la rigueur être remplacée par un simple rouleau de papier. Et, en effet, l'enfant roulant un morceau de journal en forme de tube, devinait chaque fois, à un simple coup d'œil, et nommait aussitôt la fleur choisie. C'est que le bon monsieur oubliait tout simplement de cacher les deux autres fleurs!

Inutile de dire, n'est-ce pas, que les trois fleurs peuvent être remplacées par des personnages en liège ou par de simples baguettes de bois de diverses couleurs.

XLV

LA BOITE AUX CHIFFRES

Les amateurs de travaux manuels trouveront agrément à construire la petite boîte que nous leur présentons aujourd'hui, et qui permet de réaliser, sans le secours de la *lunette magique*, l'expérience de divination décrite au chapitre précédent.

La forme et la disposition de cette boîte peuvent être variées à l'infini. Il n'est pas nécessaire que le couvercle en soit arrondi, ni même que des charnières, vraies ou fausses, s'avancent sur la boîte, comme le montre notre dessin. Ces charnières ne sont là que pour motiver la présence de petits clous révélateurs qui pourraient être disposés différemment, soit comme simples ornements, soit pour fixer une étiquette, des écussons en relief, une couverture en étoffe, ou d'autres accessoires du même genre.

Nous nous contenterons de décrire la boîte telle que

la montre notre dessin; chacun de nos lecteurs pourra, donnant libre carrière à son imagination, en construire d'autres sur le même principe, suivant la forme des vieilles boîtes dont il pourra disposer.

Trois planchettes en forme de trapèze portent chacune un chiffre en relief : 7, 5, 3. Ces chiffres ayant été placés chacun dans l'un quelconque des trois compartiments de la boîte, il s'agit de lire à travers le couvercle, le nombre qu'ils forment ensemble, et qui peut être l'un des suivants :

753 735 573 537 375 357

Examinons d'abord les chiffres.

Les planchettes sur lesquelles ils se détachent ont un de leurs côtés plus petit que les trois autres, et les compartiments destinés à les recevoir ont une forme semblable, car les séparations sont établies dans la boîte au moyen de planchettes triangulaires collées à plat sur le fond, comme on le voit suffisamment dans la vignette (fig. 72). Cette disposition a pour but d'empêcher que les chiffres puissent être placés à l'envers, puisqu'elle oblige à tourner vers la charnière de la boîte le côté le plus large de la planchette où se trouve le haut du chiffre.

Le 7 ne présente rien de particulier; le relief y est le même partout, tandis que dans le 5 et dans le 3, il est fortement accentué à l'extrémité des chiffres, aux points marqués *b* et *a*.

Ces chiffres peuvent êtres découpés dans une plan-

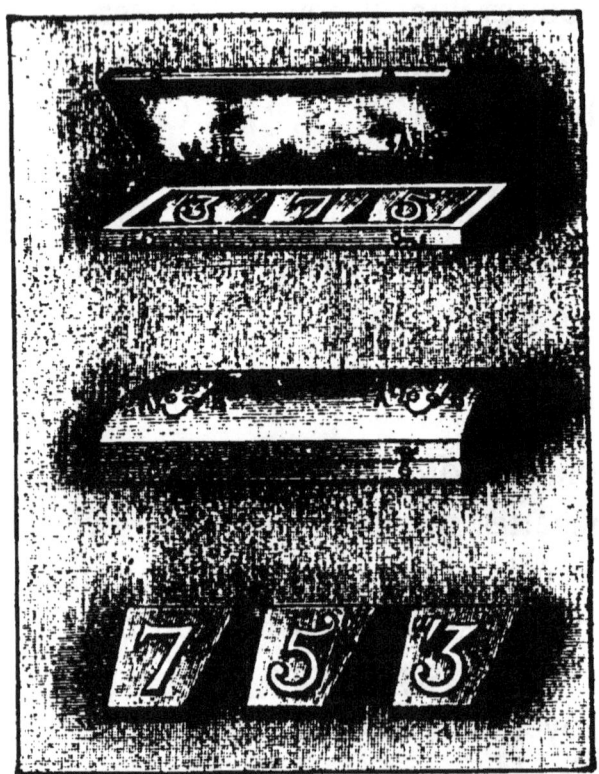

Fig. 72. — La boîte aux chiffres.

chette mince, ou dans du carton, dont plusieurs épaisseurs seront superposées et collées ensemble. On peut aussi les former en enfonçant, l'un à côté de l'autre, des clous de tapissier à tête dorée. On pourrait encore les couler en cire à cacheter, ou même mouler d'une seule pièce, en plâtre, chiffres et planchettes.

Passons au couvercle de la boîte.

Les trois petits clous postérieurs de chaque charnière sont fixes et immobiles; les deux clous antérieurs A et B, A' et B', sont libres chacun dans leur trou, et mobiles de haut en bas, de telle sorte que, s'ils sont légèrement soulevés par dessous, avec le doigt, par exemple, appuyé contre la doublure en étoffe du couvercle, leur tête dépassera un peu, mais d'une manière à peine sensible, celles des autres clous qui les entourent; ces clous A et B correspondent très exactement aux reliefs accentués *a* ou *b* des chiffres 3 et 5, avec lesquels ils se trouvent l'un ou l'autre en contact, lorsque ces chiffres occupent les deux extrémités de la boîte. Si c'est le chiffre 5 qui se trouve sous la charnière, le petit clou B ou B' est soulevé, tandis que, du même côté, le clou A ou A' reste, par son propre poids, complétement enfoncé : le contraire a lieu si c'est le chiffre 3 qui est placé sous la charnière.

Si aucun des deux petits clous mobiles de l'une des charnières ne dépasse les autres, on en conclut que le 7 a été mis en cet endroit; si le clou B est soulevé, c'est le 5, si le clou A est soulevé, c'est le 3. Connaissant le chiffre de chaque extrémité on connaît par conséquent aussi celui du milieu.

La personne chargée de deviner peut donc lire non pas « à travers le couvercle », mais sur le couvercle, le nombre formé à l'intérieur de la boîte.

XLVI

COMMENT ON PRÉDIT L'AVENIR

Au commencement de la séance, les regards des spectateurs sont attirés par une grande enveloppe scellée de cinq cachets et suspendue au mur.

« Ce matin, dit le physicien, je savais déjà tout ce qui devait se passer ici dans la soirée, et je l'ai écrit sur une feuille de papier renfermée dans cette enveloppe, Madame, voulez-vous jeter ces deux dés et me dire ensuite quels points ils auront amenés ?

— Quatre et un.

— Vous, monsieur, tirez une carte de ce jeu... c'est fait ; vous avez choisi ?

— Le roi de pique.

— Voici maintenant douze carrés de papier blanc. Que douze personnes y écrivent le nom d'une fleur ; les papiers roulés sur eux-mêmes, ou pliés, sont mis dans ce petit sac, mêlés soigneusement, et ce jeune enfant — incapable de ruse — va tirer au hasard l'un des petits papiers, l'ouvrir, et permettre à tout le monde de lire le nom de fleur qu'il porte... C'est *la rose*; en effet, je le savais ce matin déjà.

« Je continue en priant quatre personnes d'écrire chacune un nombre sur cette ardoise; ce jeune homme, qui paraît avoir au moins huit ans, voudra bien faire l'addition... Vous avez, monsieur, des dispositions merveilleuses pour les mathématiques; il ne vous a pas fallu un quart d'heure pour trouver le total qui est?

— Treize mille six cent vingt-cinq.

— Enfin, je prends des dominos, et je prie Mademoiselle de les ranger sur ma table, l'un à côté de l'autre, suivant les règles ordinaires du jeu, c'est-à-dire en plaçant les mêmes chiffres en contact; il faut poser tous les dés qui composent le jeu... Vous avez arrangé les dominos de telle sorte, mademoiselle, que la ligne se termine d'un côté par six points, de l'autre par deux points; je l'avais bien prévu ce matin, et cependant vous devez reconnaître, que c'est en toute liberté que vous avez donné à chaque domino le rang qu'il occupe.

« Retenons bien dans notre mémoire les différents chiffres qui nous ont été donnés et ne changeons rien à la disposition des objets... Que l'on prenne l'enveloppe, qu'on l'ouvre, qu'on lise ce que j'ai écrit *ce matin* sur la feuille de papier, et que l'on dise, si on l'ose, que je ne possède point le secret de déchirer les voiles qui cachent l'avenir aux simples mortels! »

Sur cette tirade solennelle, un bon monsieur s'avance un peu ému, décroche, en tremblant, l'enveloppe mystérieuse, déplie la feuille de papier et lit, en ouvrant de grands yeux, ce qui suit :

La rangée de dominos se termine par 6 et par 2.
Les dés ont amené 4 et 1.
La carte choisie est le roi de pique.
Le total de l'addition est 13 625.
La fleur choisie est la rose.

N'est-ce pas merveilleux?

Écoutez le moyen d'opérer ce joli tour de force.

Fabriquez vous-même deux dés, soit en cire blanche ramollie à la chaleur de vos doigts, soit en bois blanc bien tendre, soit mieux encore en mastic de vitrier, et, dans les faces opposées à celles que vous destinez aux points 4 et 1, introduisez trois ou quatre de ces petites boules de plomb que l'on emploie pour rincer les bouteilles ; marquez légèrement en creux les points sur les six faces de chaque dé, avec l'extrémité d'une pointe émoussée; passez ensuite sur le tout une couche de blanc quelconque délayé dans l'huile, et, cette couche étant bien sèche, dessinez les points en noir avec de l'encre, du noir de fumée à l'huile, ou du vernis noir. Les dés ainsi plombés amèneront toujours les mêmes points.

Revenons à l'explication du tour.

Le roi de pique a été *choisi* dans un jeu composé de 32 rois de pique, ou, ce qui vaut mieux, le prestidigitateur a été assez habile pour *forcer la carte*, c'est-à-dire pour glisser celle qu'il voulait entre les doigts du spectateur, au moment où celui-ci allait saisir une carte ; opération qui est moins difficile à réussir qu'on ne le croit généralement mais sur laquelle nous ne pouvons pas insister ici.

Les douze papiers sur lesquels ont été écrits les douze noms de fleurs, sont mis dans un sac à deux compartiments, formé de trois rectangles d'étoffe cousus l'un sur l'autre par leurs bords sur trois côtés; le prestidigitateur place les papiers dans l'un des compartiments qui est vide, mais il présente au jeune homme qui doit tirer un billet le compartiment voisin qui renferme déjà douze papiers tous semblables, portant ces mots : *la rose*. Le sac doit être en tissu épais et un peu raide pour qu'on ne puisse s'apercevoir qu'il renferme déjà des papiers.

— Et le total de l'addition?

Oh! c'est bien simple! Quatre spectateurs écrivent chacun le nombre qu'ils veulent sur un côté de l'ardoise ; c'est là le moindre souci du physicien, car le cinquième spectateur, chargé de l'addition, fait le total de quatre autres nombres écrits préalablement au verso

Fig. 73. — La lettre décachetée.

de l'ardoise, qui est vivement retournée avant de lui être présentée. Cette manœuvre est d'autant moins soupçonnée qu'elle est plus simple et plus audacieuse.

On peut aussi éviter de retourner l'ardoise et *prévoir*

le total réel en faisant écrire le deuxième et le quatrième nombre par des compères qui ont soin de donner au chiffre de chaque rang le nombre voulu d'unités pour que, additionné avec le chiffre correspondant du nombre précédent, il forme au total 9. Si, par exemple, la première personne a écrit :

6.920

la seconde écrira :

3.079

ce qu'elle fera très rapidement en disant : 6 (premier chiffre posé à gauche, au rang des mille) ôté de 9, reste 3; j'écris 3 au rang des mille ;

9 (chiffre posé au rang des centaines) ôté de 9, reste 0; je pose 0 au rang des centaines;

2 (chiffre posé au rang des dizaines) ôté de 9, reste 7; je pose 7 au rang des dizaines ;

0 (chiffre posé au rang des unités) ôté 9, reste 9; je pose 9 au rang des unités.

Le troisième nombre sera écrit au hasard par une personne quelconque, mais le quatrième sera écrit par un second compère qui procédera sur le troisième nombre comme il a été fait pour le premier. Dans ce cas, le total sera évidemment égal à 9.999 + 9.999, soit 19.998.

Le procédé de l'ardoise retournée nous semble meilleur; il est plus simple et plus généralement employé par les prestidigitateurs en pareil cas. Il est prudent d'effacer avec les doigts humides les quatre nombres écrits par les spectateurs au verso, pendant que l'on transporte l'ardoise d'un endroit à un autre pour faire faire le total.

Enfin, comme on l'a vu au chapitre XXXVI, la rangée de dominos se termine forcément aux deux extrémités par les mêmes points que porte un domino quelconque qui a été enlevé d'abord secrètement, mais qui ne doit pas être un double; dans le cas présent, le prestidigitateur a enlevé le 2 et 6.

Et maintenant, lecteurs, vous savez prédire l'avenir; vous pourrez désormais chaque matin écrire dans votre chambre tout ce qui se passera chez vous le soir. Êtes-vous convaincus?

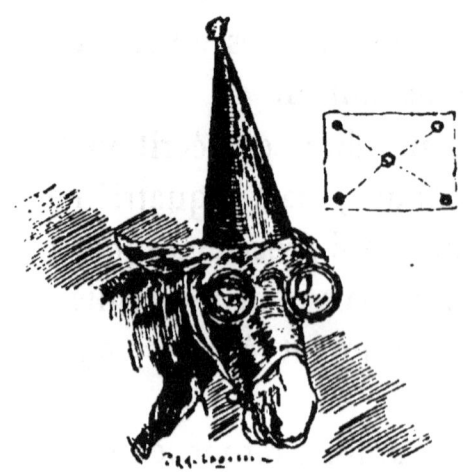

XLVII

TÊTE COUPÉE ET VIVANTE

Ce n'est que la reproduction en petit d'un *truc* qui obtint un grand succès autrefois, en Angleterre d'abord, sous le titre de « Sphinx merveilleux », puis à Paris sous celui de « Décapité parlant ».

Nous nous trouvons en présence d'un petit théâtre d'enfant; le rideau se lève et nous apercevons au milieu de la scène, sur une table dont les pieds sont à jour, une tête de chat posée sur une espèce d'assiette en papier gaufré; cette tête est vivante, car elle pousse des miaulements déchirants et roule des yeux terribles. Le rideau est bientôt baissé, et le théâtre emporté dans une chambre voisine.

Ce que l'on prend pour une table, entre les pieds de laquelle l'espace paraît libre, est en réalité une petite caisse en bois, assez forte, et solidement fixée au plancher du théâtre. Dans cette caisse est enfermé, pour le court moment que dure la représentation, un malheureux chat dont la tête sort par un trou rond, pratiqué dans la partie supérieure qui dépasse d'un centimètre environ, tout autour, les côtés verticaux

Fig. 74. — Le chat décapité.

de la caisse. L'animal y a été introduit par une petite porte à coulisse qui glisse dans deux rainures et qui se trouve sous le plancher du théâtre; une collerette en papier bristol, fixée à la table, entoure la tête de Minet (voyez la figure 75).

La petite caisse est fixée sur la scène du petit théâtre de telle sorte qu'un de ses angles soit tourné en avant;

ses deux côtés antérieurs sont recouverts de deux glaces qui forment un angle droit avec les côtés de la petite scène ; sur les angles verticaux de la caisse sont collées des bandes de carton, pliées par le milieu dans le sens de la longueur et qui simulent, par leur couleur

Fig. 75. — La petite table à glaces.

et par leur forme, les pieds de la table. Il semble dès lors aux spectateurs que la tête du chat repose sur une planchette portée par trois pieds entre lesquels ils croient apercevoir le fond de la scène; ce qu'ils voient en réalité ce sont les glaces A et B qui réfléchissent les côtés A' et B' du théâtre (fig. 74), recouverts de même étoffe que le fond, et recevant un éclairage d'égale intensité. L'illusion ainsi produite par la réflexion des miroirs est complète, et l'on ne s'explique pas aisément comment cette tête de chat sans corps est vivante et.... miaulante.

Le petit théâtre peut être facilement construit par toute personne un peu habile de ses mains : une caisse en bois formera la scène ; le frontispice du théâtre, acheté chez un papetier, sera collé sur carton et fixé, avec des pointes, contre l'ouverture de la caisse ; on choisira dans un bazar deux petites glaces bien unies et sans défauts, que l'on fera couper de la dimension voulue ; enfin la petite caisse dont on fera la table devra être fixée très solidement au plancher avec des vis, autrement les efforts désespérés que fera le plus souvent le pauvre chat pour échapper de sa prison pourraient avoir des effets désastreux. On aura moins à redouter un acte de révolte si l'on choisit un jeune chat : la pauvre bête se contentera le plus souvent de miauler d'un air lamentable ; pour ne pas prolonger ses angoisses, on terminera rapidement le spectacle.

A défaut de chat, on pourra faire passer par l'ouverture de la petite table la main d'un compère ; celui-ci sera caché soit dans une longue caisse placée debout et servant de support au théâtre, soit sous une table à rallonges dont les deux parties seront écartées suffisamment pour livrer passage au bras ; on masque cette disposition au moyen de tapis. La main répond aux questions par *oui* et par *non* en se balançant d'avant en arrière ou de droite à gauche ; elle compte avec ses doigts, fait des opérations arithmétiques. Dans ce cas, la représentation a pour titre : « La main coupée, vivante et parlante ».

XLVIII

LA TÊTE OBÉISSANTE

oici une tête de masque fermée dans le bas par une feuille de carton, fixée là par une bande de papier encollé appliquée tout autour sur les angles; en haut et en bas de cette tête, un trou dans lequel passe une ficelle que nous disposons verticalement, bien tendue, en appuyant le pied sur le bout qui est à terre et en tenant l'autre extrémité de la main droite élevée.

La tête de masque, entraînée par son poids, descend d'abord quand nous cessons de la maintenir avec la main gauche, elle obéit simplement aux lois de la pesanteur; mais, à notre commandement, elle reste en place et opère sa descente à deux, trois, cinq, dix reprises différentes, selon le chiffre qui nous est indiqué par les spectateurs.

Quelqu'un se présente pour essayer de répéter l'expérience, mais la tête refuse maintenant d'obéir. Elle est donc intelligente, cette tête, puisqu'elle connaît son maître ? elle ne ressemble pas alors à cette tête de masque dont parle le bon Ésope, et qui n'avait pas de cervelle ? Oui, hélas ! mais à défaut de cervelle, elle renferme deux tubes en carton, l'un qui va tout droit du sommet au bas de la tête, l'autre qui, formé de trois morceaux de tube ajoutés bout à bout, fait un trajet courbe, mais dont les extrémités, comme celles du premier tube, aboutissent aux deux trous qui existent en haut et en bas de la tête. (Voyez la figure en coupe, à gauche de la vignette, page 267.)

Les tubes de carton sont confectionnés facilement en enroulant, sur un crayon légèrement gras, huit à dix épaisseurs de fort papier enduit de colle forte ; quand le tout est bien sec on retire le crayon, et l'on a un tube très résistant. Les extrémités des trois morceaux qui forment le tube recourbé sont coupées en biais pour rendre leur jonction plus facile.

Quand il veut faire l'expérience, c'est par ce dernier tube que le prestidigitateur fait passer la corde qu'il tient tendue ou dont il diminue la tension, selon qu'il veut arrêter le mouvement de descente de la tête ou la laisser glisser. Veut-il au contraire mystifier un spectateur, il feint de laisser échapper la corde pour

Fig. 76. — La tête obéissante; en coupe les deux conduits.

avoir l'occasion de l'enfiler de nouveau dans la tête; mais cette fois-ci il la fait passer par le tube qui est droit.

Si, au lieu d'une légère tête en carton, vous avez

modelé une énorme tête en ciment, bien lourde, le spectateur indiscret qui, pensant vous imiter, la laissera tomber de haut sur son gros orteil, comprendra qu'il est parfois dangereux de s'approcher de trop près d'un prestidigitateur en fonctions, et surtout de vouloir l'imiter.

Ce tour peut être présenté sous différentes formes; on le fait avec un œuf en plâtre, avec une pomme dans laquelle on a introduit deux cure-dents qui servent de conduit à la ficelle et qui forment ensemble, à l'intérieur du fruit, un angle très obtus. On a fait aussi des boules en bois qui n'ont qu'un seul canal dans lequel on laisse adroitement, pour rendre sinueux le trajet de la corde, une partie de l'une des poignées de métal disposées à cet effet, et par lesquelles cette corde est terminée.

Enfin un dernier procédé mérite une mention spéciale; on l'emploie pour faire le tour avec une orange ou un citron.

Le prestidigitateur introduit secrètement dans le fruit avant la séance, un petit tube en métal, peint en noir; c'est dans ce tube qu'il fait passer un cordonnet de soie noire, long de trois mètres environ, après l'avoir attaché à un fil de laiton qui le conduit dans le tube et que les spectateurs croient destiné à percer le fruit. On fait ensuite, à chaque bout du cordon, un nœud un peu plus gros que le diamètre intérieur du petit tube; la récréation terminée, le cordon est brusquement arraché et le nœud qui est à l'extrémité entraîne le tube hors du fruit sans qu'on puisse le voir, puisqu'il est noir comme le cordon sur lequel il est enfilé. Le citron est aussitôt coupé en deux, mais de telle sorte que la lame du couteau suive le même plan que la courbe du petit tube, dont la trace se trouve ainsi enlevée; aussi les spectateurs constatent, non sans quelque surprise, « que le citron n'avait pas été préparé ».

Il semble difficile de donner soi-même une courbure régulière à un tube de métal; rien n'est plus facile cependant. On prend un tube deux fois plus long qu'il ne faut; on le ferme d'abord d'un côté en écrasant et en repliant l'un des bouts, on remplit le tube de sable fin et on en ferme de même l'autre extrémité; on peut maintenant faire un effort sur le tube pour le courber en forme d'arc, le sable qui est à l'intérieur empêchant les cassures et les angles rentrants, on obtient sans peine le résultat désiré; il ne reste plus qu'à donner au tube la longueur voulue en ôtant avec une petite scie ou avec une lime les deux bouts écrasés. Si l'on ne pouvait se procurer un tube en métal on prendrait un bout de tube en verre, que l'on travaillerait à la flamme d'un bec de gaz ou d'une lampe à alcool. Resterait encore la ressource de payer six francs, chez un marchand d'ustensiles pour l'escamotage, le petit morceau de tube en question.

XLIX

LE GRAND CIERGE

'ai entendu dire que du nez de certains petits enfants on voit sortir parfois des chandelles; vous, mon petit ami, auriez-vous une chandelle à me prêter? » (!)

L'enfant ainsi interpellé devient rouge de fureur; mais le prestidigitateur lui appliquant la main gauche sur le nez, ainsi que le montre la figure 77, en fait sortir peu à peu, de sa main droite, un énorme cierge, long de deux à trois mètres, qui semble très lourd à porter. On allume le cierge et on s'empresse de l'emporter dans la coulisse.

Taillez dans du papier blanc ou *crème*, fort et glacé,

de longues bandes, larges de quatre centimètres, et réunissez-les ensemble bout à bout avec de la colle; puis, enroulez la grande bande ainsi obtenue sur un

Fig. 77.

morceau de mèche appelée *rat de cave*, à laquelle le bout du papier sera attaché au moyen d'une épingle. L'enroulement doit être fait très serré, et, quand il est terminé, l'extrémité de la bande est arrêtée avec de la colle. Le tout formera une espèce de rouleau tel qu'on le voit à la partie supérieure de la figure 77.

Cachez ce rouleau dans votre main gauche, puis, tandis que vous appliquez cette main fermée contre le visage de l'enfant, saisissez, de la main droite, l'extrémité de la mèche, et tirez en la faisant tourner peu à peu sur elle-même en sens contraire de celui dans lequel le papier est enroulé. C'est un cierge que l'on voit sortir du nez du pauvre gamin, un cierge que vous allumez, mais que vous avez soin de ne pas montrer de trop près, et qu'il faut emporter avant que le bout de mèche qui brûle ait eu le temps de mettre le feu au papier.

Ce petit tour est charmant, mais bien qu'il ne présente aucune difficulté, il sera bon de s'exercer plusieurs fois à le faire avant de le présenter dans une séance, afin que l'aisance et le naturel de l'exécution en complètent l'illusion.

I.

POUR LES TOUT PETITS

Et, moi aussi, je veux faire des tours de physique ! s'écriait un jour un charmant blondinet de cinq ans, envieux des succès qu'obtenaient ses frères aînés en répétant devant la famille réunie les expériences de prestidigitation que leur avait enseignées Magus dans le journal « *l'Ouvrier* ».

Ce cri d'enfant nous a fait penser qu'il serait bon de ne pas oublier complètement les tout petits dans ce livre qui s'adresse à toute la famille, et c'est pourquoi nous nous permettons de servir à nos lecteurs le bon vieux tour de M. Jean de la Vigne, qui a déjà fait la joie de cinq ou six générations au moins, et qui est classique en la matière. Pour passer maître en prestidigitation, il faut connaître Jean de la Vigne et le présenter avec art.

Donc, l'un des grands frères va ciseler dans un maron d'Inde la tête du petit bonhomme (T, figure 78), s'il ne préfère la modeler en mie de pain ou en cire; au bas de la tête, on adapte solidement la petite cheville qui servira à la relier au corps de la poupée. Un autre grand frère découpera le corps C dans un morceau de manche à balais — avec la permission de la maman toutefois — et mademoiselle la

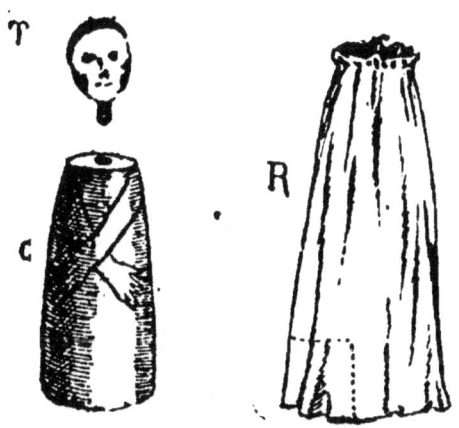

Fig. 78. — La poupée et sa robe.

petite sœur façonnera la robe R en y ajoutant à l'intérieur, dans le bas, une petite pochette dont la place est indiquée par le pointillé dans la figure 78, et qui devra être juste assez grande pour qu'on puisse y loger, au moment voulu, la tête de Jean de la Vigne. Le corps et la tête de la poupée étant réunis, les spectateurs doivent croire que le tout est d'une seule pièce. Attention !

« Voici M. Jean de la Vigne qui part pour un grand voyage; de peur qu'il n'ait froid, je vais lui mettre sa petite robe. » Une conversation s'engage alors entre le physicien, les spectateurs et la poupée, qui se contente de répondre oui et non par un signe de tête, car

Fig. 79. — M. Jean de la Vigne.

elle a une extinction de voix pour le moment. Enfin le moment du départ est arrivé : « Adieu, cher petit... il vous manque quelque chose ?... Ah! vous avez oublié votre bourse? je vais vous prêter la mienne... Voici l'argent, partez! »

La petite robe est alors tordue dans tous les sens, frappée sur la table, il n'y a plus trace de poupée : les mains du petit physicien sont nettes et ses manches relevées jusqu'aux coudes. On ne voit plus Jean de la Vigne, et cependant il revient soudain et passe sa tête hors de la robe.

« Qu'y a-t-il ? que réclamez-vous, monsieur ?... Vous avez oublié votre mouchoir de poche, voici le mien... Eh bien ?... Mesdames et messieurs, Jean de la Vigne m'a chargé de vous dire que pour aujourd'hui il renonce à son voyage. Devinez toujours, si vous pouvez, où a passé tout à l'heure le petit bonhomme dont le corps est si gros et si massif. »

Inutile d'insister sur l'explication, après les détails que nous avons donnés en commençant. En portant la main à sa poche, sous prétexte d'y chercher de l'argent, le petit physicien y a mis secrètement le corps de la poupée ; en faisant examiner la robe qu'il continuait à tenir par le bas, il cachait en même temps, entre ses doigts, la pochette intérieure et la tête qu'il venait d'y introduire. Enfin, le mouchoir de poche oublié fournissait l'occasion d'aller reprendre le corps pour le remettre à sa place, car c'est toujours sous la robe que les objets étaient remis à M. Jean de la Vigne.

Et voici le blondinet content : lui aussi maintenant

peut faire un tour de physique, pourvu que sa petite main soit assez large pour bien cacher le corps de la poupée.

LI

VERRE D'ENCRE ET POISSONS ROUGES

oici un verre à pied rempli d'encre ; j'y plonge à demi cette carte à jouer pour vous montrer que mon encre est bien noire. Prêtez-moi un foulard pour recouvrir le verre ; je mets en action la baguette magique, j'enlève le foulard... Plus d'encre dans le verre, mais une eau claire et limpide où nagent de jolis poissons rouges ».

Voici l'explication. Eau claire et poissons se trouvaient déjà dans le verre contre les parois duquel on avait placé tout autour, à l'intérieur, un morceau de papier noir, dit papier à aiguilles, un morceau de soie ou un morceau de lustrine noire préalablement bien lavée ; dans ces conditions, même la surface de l'eau paraît noire, vue par côté.

En retirant le foulard qui recouvrait le verre, le prestidigitateur a pincé le bord de l'étoffe et l'a enlevée en même temps.

Si l'on ne veut pas que la hauteur du liquide atteigne les bords du verre, on attache au morceau d'étoffe qui en garnit l'intérieur, un fil qu'on laisse retomber par dessus le bord, en arrière, et qu'on saisit pour enlever l'étoffe.

Mais la carte qu'on a noircie en la plongeant dans le verre?

Rappelez-vous bien, une fois pour toutes, que les preuves apportées par messieurs les escamoteurs ne prouvent jamais rien. Deux cartes semblables — deux sept de cœur, si vous voulez —, ont été collées dos à dos, et l'une d'elles a été noircie jusqu'à moitié de sa hauteur.

On présente d'abord aux spectateurs la carte du côté qui n'a pas été préparé, et on la retourne avant de la sortir du verre; l'eau, en mouillant la partie noircie, lui donne exactement le même aspect que si elle était couverte d'encre fraîche.

On a fabriqué différents systèmes de cuillers creuses que l'on emploie dans ce tour pour *montrer* aux spectateurs que c'est bien de l'encre qu'il y a dans le verre; celle qui nous paraît la plus commode est basée sur le même principe que la baguette magique décrite à la page 154; après avoir pris dans le verre un peu d'eau avec cette cuiller, on laisse sortir du manche le peu d'encre qui s'y trouve cachée et qui, venant se mélanger à l'eau puisée dans le verre, permet de verser sur

Fig. 80. — Le verre d'encre et les poissons.

une assiette une grande cuillerée de liquide noir qui paraît être un échantillon de celui qui est dans le vase.

Parfois c'est un œuf, à défaut de poissons, que l'on fait venir dans l'eau; dans ce cas on peut paraître puiser de l'encre dans le verre en se servant d'une cuiller ordinaire, dans laquelle on a mis un peu de couleur d'aniline en poudre qui se dissout instantanément, parce que l'eau renferme une forte proportion d'alcool ; mais il faut bien prendre garde alors de ne pas laisser tomber dans le verre la plus petite parcelle de couleur, qui suffirait pour donner à l'eau alcoolisée une teinte très prononcée.

LII

RECONNAITRE LES CARTES AU TOUCHER

uand vous annoncerez à vos spectateurs que, plaçant sur votre tête un jeu de cartes bien mêlées, vous en reconnaîtrez au toucher les figures et que vous distinguerez les rouges des noires, on vous dira que c'est là un vieux jeu bien connu, que vous allez vous servir d'un compère qui vous fera signe des yeux, ou qui, par dessous la table, appuiera son pied sur le vôtre pour vous avertir, à moins que vous ne vous placiez en face d'une glace, dans laquelle vous verrez les cartes. Vous prouverez aussitôt que l'on se trompe : passant l'index successivement sur toutes les cartes du jeu vous reconnaîtrez d'abord les figures, puis vous distinguerez les rouges des noires.

Voici la préparation nécessaire :

Séparant les rouges et les noires en deux paquets,

vous appuierez légèrement, sur la tranche de l'un de ceux-ci, la lame bien affilée d'un canif; il en résultera une entaille, invisible même de très près, mais perceptible au toucher.

Pour reconnaître les figures, vous les aurez marquées au centre en appuyant légèrement, au point d'intersection des deux diagonales imaginaires, la pointe d'une aiguille qui pourra être d'autant plus fine que vous avez le tact plus délicat; un point pourrait marquer les rois, deux points l'un au-dessus de l'autre (:) les dames, et deux points, sur une ligne horizontale (..) les valets. Il existe d'autres procédés pour marquer les cartes, l'un, entre autres, qui permet de reconnaître chacune d'elles par le moyen d'un seul point, imperceptible au toucher et visible seulement quand on reçoit d'une certaine manière la lumière sur le dos de la carte; la ligne suivant laquelle est coupé le dessin formé par le tarot, peut également suffire à la désigner et à la distinguer de toutes les autres; mais nous pensons qu'il y a là des choses qu'il n'est pas bon de publier; ce que nous en avons dit a pour but de mettre en garde les personnes trop confiantes, en leur montrant qu'il ne faut jamais jouer aux cartes qu'avec des personnes dont la loyauté est hors de doute. Tout prestidigitateur exercé est à même de gagner sûrement, à n'importe quel jeu de cartes, contre le plus fort joueur qui ne sera pas en garde contre les artifices de la prestidigitation.

Pour en revenir à notre petite récréation, il sera

Fig. 81. — Les cartes marquées.

facile d'imaginer encore d'autres procédés pour son exécution.

Ainsi, en se plaçant le soir dans une chambre bien éclairée, devant une fenêtre dont les rideaux sont écartés ou devant une bibliothèque vitrée, on peut y voir les cartes qui s'y refléchissent comme dans un miroir. Si l'on surprenait votre manière de faire, proposez de vous asseoir devant une porte fermée, tournant le dos aux spectateurs; un compère, qui aura l'œil à la serrure, fera passer sous la porte la pointe d'une aiguille, à chaque carte rouge ou à chaque figure qui se présentera sous vos doigts.

LIII

DÉCOMPOSITION D'UNE CARTE A JOUER

Un spectateur a choisi une carte : c'est le huit de cœur; je m'en sers pour charger ce pistolet. On vient de m'apporter un sucrier en porcelaine que je ferme de son couvercle, et je recouvre le tout d'un mouchoir que l'on vient de me prêter; je vais au fond de la salle avec mon pistolet chargé dans lequel je mets la carte en guise de projectile; je tire sur le sucrier... Voyons le résultat : La carte a été décomposée par la chaleur; les huit points du huit de cœur se sont imprimés sur le mouchoir, et la fumée produite par la combustion de la carte est renfermée dans le sucrier ».

On voit, en effet, un huit de cœur imprimé sur le mouchoir, et une épaisse fumée blanche sort lentement du sucrier dont le couvercle a été enlevé.

Pour l'exécution de ce tour, il faut vous procurer une petite planchette de la dimension d'une carte à jouer. D'autre part, découpez dans une feuille de papier bristol une trentaine de petits cœurs, tous exactement pareils, de la forme des points imprimés sur les cartes. Prenez de la colle forte et collez l'un sur l'autre une douzaine de ces découpures, de manière à en faire huit points de cœur ayant chacun une épaisseur de 5 à 6 millimètres environ. Collez ces huit points sur la planchette pour former un huit de cœur en relief, comme celui qu'on voit en haut à droite de la figure 82 et dont vous vous servirez au moment voulu, comme d'un timbre humide, pour imprimer les points sur le mouchoir.

D'autre part, du vermillon en poudre est délayé dans de l'huile, de manière à former une pâte d'une certaine consistance; ce rouge, qui ne sèche que très lentement, est passé, avant la séance, avec un pinceau, sur les points en relief, et le timbre ainsi préparé est posé à plat sur la table du prestidigitateur, qui, tenant plié le mouchoir qu'on lui a prêté, l'appuie rapidement au passage sur les points en relief enduits de rouge, avant d'en recouvrir le sucrier.

La fumée qui se forme dans le vase est produite par l'ammoniaque ou alcali volatil et l'acide chlorhydrique mis en présence; dans le sucrier, on verse quelques gouttes du premier, et l'intérieur du couvercle est humecté avec le second, qu'il faut éviter de toucher avec les doigts. Les deux objets ainsi préparés doivent être tenus à une assez grande distance l'un de l'autre, jusqu'à ce que le moment soit venu de placer le couvercle sur le sucrier. Même il sera bon qu'alors le prestidigitateur, bravant toutes les lois de l'étiquette, tourne

Fig. 82. — La carte imprimée sur le mouchoir.

le dos pendant un court instant aux spectateurs, afin de masquer à leurs yeux le vase, et de les empêcher ainsi d'apercevoir les premières vapeurs de chlorhydrate d'ammoniaque qui apparaissent avant même que le sucrier ne soit fermé. Quand celui-ci est découvert, quelques moments après, on en voit sortir une épaisse fumée blanche qui s'élève lentement en l'air : nous savons que c'est la fumée produite par la combustion de la carte dans le pistolet, et dont les points rouges ont été arrêtés au passage par le mouchoir.

LIV

FUMER UNE PIPE VIDE

ous avons dit dans la récréation précédente que si l'on met du gaz ammoniac en présence des vapeurs qui se dégagent de l'acide chlorhydrique, il se forme d'épaisses fumées blanches de chlorhydrate d'ammoniaque.

Tout récemment, nous avons vu un prestidigitateur présenter cette expérience de la manière suivante :

« On remet à deux jeunes gens éloignés l'un de l'autre, deux pipes en terre, qui sont vides, et on leur dit de souffler dedans pour bien s'assurer qu'il n'y a rien de caché dans les tuyaux; on les invite ensuite à se rapprocher, à mettre l'un contre l'autre les foyers des deux pipes, tout en continuant à souffler dedans bien fort. A la stupéfaction générale, il semble que les deux pipes se soient soudain remplies de tabac et qu'une main invisible les ait allumées, car il s'en échappe une grande quantité de fumée; cependant on les examine

Fig. 83. — Les deux fumeurs.

une seconde fois : elles sont vides comme précédemment. »

Ainsi qu'on l'a déjà compris, les fourneaux des deux pipes ont été humectés préalablement, l'un avec quelques gouttes d'acide chlorhydrique, l'autre avec un peu d'ammoniaque ou alcali volatil.

N'oubliez pas qu'il est dangereux de mettre l'acide chlorhydrique au contact de la peau; il ne faut le manier qu'avec précaution et n'en mettre dans la pipe que juste la quantité qui peut être absorbée par les parois poreuses du fourneau; de plus, il faut bien recommander aux deux fumeurs de ne pas aspirer la fumée, mais de souffler dans les pipes, sous peine d'avoir des quintes de toux fort pénibles.

LV

CARTE BRULÉE

ous avez choisi une carte que je ne connais pas; déchirez-la en deux, en quatre, en huit morceaux que je vous prie de déposer sur cette assiette. Vous, jeune homme, prenez un de ces huit morceaux, gardez-le soigneusement, tandis que nous brûlons les sept autres à la flamme d'une bougie, et que nous en mettons les cendres dans une petites boîte en carton que tout le monde vient d'examiner. La carte brûlée va renaître de ses cendres, sortir de la boîte telle qu'elle était lorsqu'on l'a prise dans le jeu!... Comment! il en manque un morceau? (n° 3, figure 84) C'est vrai! j'oubliais que nous en avions laissé un de côté : voyons s'il s'adapte exactement à la carte? Parfaitement! »

Construisez, ou procurez-vous dans un magasin de

mercerie, une boîte en carton, rectangulaire, dont le fond ait des dimensions un peu supérieures à celles d'une carte à jouer; recouvrez l'intérieur de la boite avec du papier marbré, et l'extérieur avec un papier uni, noir si vous voulez, ornementé de quelques découpures en papier doré.

Coupez aussi un morceau de carton rectangulaire B, (n° 1) qui puisse entrer exactement dans la boîte A et en masquer le fond; ce carton sera recouvert, sur ses deux côtés, de papier semblable à celui qui tapisse l'intérieur de la boîte. Voilà tout ce qu'il vous faut pour exécuter le tour de la *carte brûlée.*

Dans le couvercle C (n° 1) qui doit être posé à plat, sens dessus dessous sur la table, mettez secrètement, la face tournée vers le fond, une carte dont vous aurez enlevé, à un angle, un petit morceau carré, et recouvrez cette carte avec le carton B.

Étant allé ensuite chercher une assiette, tenez-la comme le montre le n° 2, cachant d'abord sous votre pouce le petit morceau détaché de la carte qui est dans le couvercle, puis, quand on vous aura remis les morceaux de la carte semblable déchirée par un spectateur, laissez glisser le premier à côté des autres, un peu à l'écart (n° 2) et présentez vivement l'assiette, du côté où il se trouve, à un enfant de préférence, lui disant de *choisir* un des morceaux. Si, ce qui est peu probable, l'enfant en prenait un autre, opérez une substitution en saisissant en main ce morceau, sous prétexte de le mon-

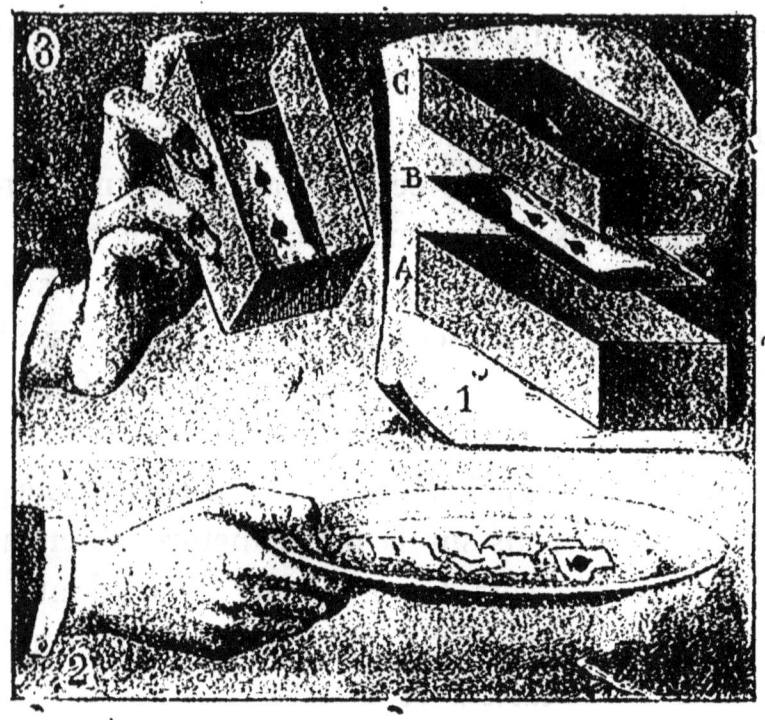

Fig. 84. — La boîte à la carte.

trer aux spectateurs, ou ayez recours à tout autre expédient facile à imaginer.

Les cendres, étant mises dans la boîte, se trouvent cachées par le carton B et la carte préparée, qui tombent dessus au moment où l'on met le couvercle sur la boîte. Celle-ci est ouverte après quelques passes magiques, et la carte *ressuscitée* est présentée comme l'indique le numéro 3 (figure 84), puis elle est retirée de la boîte, pour être examinée par les spectateurs avec le petit morceau qui avait été mis en réserve, cela afin de *prouver* que c'est bien la carte déchirée précédemment qui se trouve maintenant raccommodée. On se souvient aussi en même temps qu'on avait *oublié* de faire examiner le couvercle de la boîte, et l'on s'empresse de le faire circuler dans *l'aimable société*.

Reste une difficulté. Comment fait-on pour connaître d'avance la carte qui sera prise, afin d'en préparer une semblable dans le couvercle?

Voici différentes solutions:

Si l'on est assez habile, on *force la carte*, c'est-à-dire qu'en remuant vivement le jeu développé en éventail, et faisant en même temps passer les cartes les unes sur les autres, on glisse celle que l'on veut faire prendre sous les doigts de la personne au moment où celle-ci avance la main pour saisir une carte.

On peut aussi acheter chez un fabricant de cartes à jouer, des cartes manquées qui se vendent au poids, et l'on se compose un jeu de trente-deux cartes semblables; ou bien l'on se procure trente-deux cartons blancs sur lesquels on dessine les points d'une carte quelconque, un sept de pique, par exemple.

Enfin, à défaut de ces moyens, le prestidigitateur peut se contenter de sortir lui-même du jeu, sans paraître la choisir, la carte à brûler, à moins qu'il ne préfère s'entendre avec un compère qui a soin de choisir dans le jeu celle qu'on lui a désignée avant le commencement de la représentation.

La boîte que nous venons de décrire est employée sous des formes variées dans plusieurs tours de physique amusante ; aux amateurs qui n'ont pas encore acquis l'agilité des doigts nécessaires et qui ne savent pas *escamoter*, elle pourra rendre service chaque fois qu'il faudra faire l'échange d'une carte, d'un papier, d'une lettre. Il sera bon d'en avoir aussi une autre plus petite, du même genre, de forme ronde pour échanger ou pour escamoter à l'occasion une pièce de cinq francs.

LVI

LES CARTES RETOURNÉES

es cartes à jouer dont les figures, valets, dames ou rois, ont deux têtes, sont dessinées de telle sorte qu'elles présentent un même aspect, quel que soit le sens dans lequel on les regarde. Si donc plusieurs figures étant posées l'une à côté de l'autre sur une table, on les fait pivoter sur elles-mêmes, de manière à ce que les deux têtes qu'elles portent changent de place, l'opération ne laissera aucune trace, et une personne absente alors, ne saura dire à son retour quelle est la carte qui aura été retournée.

Un *physicien* n'est pas embarrassé pour si peu.

Examinez attentivement les différentes figures d'un jeu de cartes; vous remarquerez que le petit filet ou trait dont elles sont bordées, ne les encadre pas d'une manière rigoureusement symétrique; le plus souvent les cartes sont coupées de telle sorte que ce filet se trouve plus rapproché de l'un des bords, d'un côté que de l'autre. Choisissez dans un jeu les huit cartes où ce défaut sera le plus accentué sur le petit côté des cartes ; posez-les avec symétrie sur la table et, en les plaçant, tournez du même côté, vers le haut si vous voulez, les marges étroites, en évitant que l'on puisse remarquer que vous choisissez un sens plutôt que l'autre.

Pendant que vous serez sorti de la salle ou que vous aurez le dos tourné, on retournera une carte ; au premier coup d'œil vous la désignerez. Sur notre vignette (fig. 85), on voit que c'est le roi de pique qui a été choisi ; il est facile de remarquer, en effet, malgré la petite échelle du dessin, où les proportions cependant sont gardées rigoureusement, que le filet s'y trouve plus éloigné du bord en haut qu'en bas : c'est le contraire pour les autres cartes.

Dans le cas où, comme pour notre valet de trèfle, la différence serait trop peu sensible sur les petits côtés de la carte, on se baserait sur les grands côtés, mettant à droite la marge la plus large, qui se trouverait ensuite à gauche si cette carte était retournée.

Comme ce petit tour n'est pas nouveau et qu'on pourrait vous dire qu'il est connu, proposez de poser les cartes à l'envers, c'est-à-dire le tarot en dessus, ou de les remplacer par des cartes de visite ou par des carrés de papier blanc. Les spectateurs pourront cette fois choisir eux-mêmes les cartes qui devront servir à l'expérience et les placer à leur gré sur la table. Vous affecterez d'y jeter un coup d'œil rapide, avant de vous

Fig. 85. — Les cartes à bords différents.

éloigner, pour mieux détourner l'esprit des spectateurs du moyen que vous allez employer; pendant votre absence, on retournera l'un des cartons et, à votre retour, vous le désignerez aussi facilement que si c'était une carte encadrée d'un filet.

Pour cela vous aurez dû vous mettre préalablement d'accord avec une personne de la société qui, se tenant d'ailleurs dans n'importe quelle attitude, s'arrangera de manière à vous laisser voir, des ongles de ses mains, un nombre correspondant au numéro d'ordre de la carte retournée. Si c'est la sixième carte en commençant par en haut et par la gauche, la personne chargée de vous la signaler tiendra, par exemple, sa main gauche étendue sur ses genoux ou sur la table, et l'ongle de l'index de sa main droite sera seul apparent, tandis que les autres doigts de cette main seront repliés ; il y aura ainsi au total six ongles visibles.

LVII

LECTURE DES LETTRES CACHETÉES

n présence de l'habileté toujours croissante des magiciens modernes, le secret des correspondances paraît être bien exposé ; voyez notre physicien : il lui suffit de passer sur son front une lettre fermée pour en connaître aussitôt le contenu ; douze lettres que l'on vient d'écrire sont ainsi lues avant d'avoir été ouvertes.

Trêve de plaisanteries. Les plus jolis tours d'escamotage ne sont que peu de choses quand on en connaît le secret.

Sur un plateau, préparez douze crayons, douze enveloppes et douze feuilles de papier à lettres réglé, toutes pareilles, et pliées de la même manière.

Invitez douze spectateurs à vous écrire, séance tenante, une petite lettre, si vous avez bonne mémoire, une simple question ou un proverbe dans le cas contraire ; recommandez à vos correspondants d'écrire *sur les lignes* — cela pour éviter qu'ils ne tracent l'écriture en sens différent les uns des autres — et de plier les feuilles de papier exactement comme elles l'étaient quand vous les leur avez remises ; enfin, de les placer dans l'enveloppe gommée et de fermer celle-ci.

Vous vous êtes entendu d'avance avec l'un des spectateurs, à qui vous avez dit ce qu'il devait écrire, lui recommandant de faire une petite corne très peu accentuée à un angle de son enveloppe pour que vous puissiez la reconnaître à ce signe.

Toutes les lettres ayant été remises sur le plateau, vous en prenez une, n'importe laquelle, pourvu que ce ne soit pas celle qui a été cornée, car vous la réservez pour la fin.

Le moment est venu de prendre un air inspiré. Vous passez lentement la lettre sur votre front : « On me demande, dites-vous, combien de fois le soleil est plus gros et plus pesant que la terre ; je répondrai que grosseur et pesanteur ne sont pas ici la même chose : le soleil, si je ne me trompe, est 1 280 000 fois plus gros et 1 325 000 fois plus lourd que la terre ; voyons si j'ai bien lu. »

Vous décachetez la lettre et vous lisez à haute voix :
« Monsieur le physicien, veuillez me dire combien de

Fig. 86. — Comment on lit les lettres.

fois, etc. C'est bien cela, j'ai donc su déchiffrer exactement l'écriture à travers une enveloppe fermée. »

Eh non ! ce n'est pas cela, c'est tout autre chose, au contraire, que vous venez de lire ; car, pendant que vous récitiez à haute voix la question écrite sur son papier par votre compère, en réalité, vous preniez connaissance du contenu de la lettre d'un spectateur. Comme le papier et la manière dont il est plié, le sens de l'écriture, les dimensions et la forme des enveloppes restées blanches sont les mêmes dans les douze lettres, on ne soupçonne pas la supercherie ; vous prenez donc une seconde lettre, et, la passant sur votre front, vous y *lisez* ce que vous venez de voir dans la précédente, puis vous l'ouvrez, sous prétexte de voir si vous avez bien lu, et ainsi de suite jusqu'à la douzième lettre, la seule dont vous connaissiez vraiment le contenu avant de l'avoir ouverte, mais où vous feignez de lire la onzième question écrite par un spectateur.

On comprend maintenant pourquoi, à moins d'être doué d'une excellente mémoire, il faut se borner à faire écrire non pas une lettre de plusieurs lignes, mais une simple question ou une courte phrase.

Lettres et enveloppes sont mélangées sur le plateau dès que la lecture est terminée, et chacun peut venir s'assurer que les douze questions lues par le physicien sont réellement écrites sur les douze feuilles de papier.

Si l'on désire se passer du concours d'un compère, on peut employer l'un des procédés suivants :

Le premier, le plus facile, consiste à inventer audacieusement de toutes pièces le contenu de la première lettre que l'on est censé lire, et à glisser, à côté des enveloppes remises par les spectateurs, celle que l'on ouvrira en dernier lieu et qui contient un papier blanc ou sur lequel a été écrit préalablement le texte que l'on a imaginé. Dans ce cas, il ne faut pas attirer l'attention des spectateurs sur le nombre de lettres que l'on fait écrire; ils ne songent pas d'ailleurs à les compter, l'essentiel, pour chacun, c'est d'entendre lire ce qu'il a écrit.

Le second procédé exige une certaine adresse et ne saurait être employé par tous; il consiste à ouvrir rapidement une enveloppe qui vient d'être fermée et dont la gomme est encore humide; on prend furtivement connaissance de ce qui est écrit, tandis que l'on tourne le dos à l'assistance pour retourner à la table sur laquelle s'opèrent les escamotages; avec un peu d'exercice, on parvient à accomplir cet exploit d'une seule main, en quelques secondes, et, même à remettre la lettre dans son enveloppe que l'on marque légèrement d'un coup d'ongle afin de la prendre la dernière. Il serait plus facile de se débarrasser de la lettre décachetée après l'avoir remplacée sur le plateau par une enveloppe renfermant une feuille de papier blanc, préparée d'avance, et tenue cachée sous le plateau.

LVIII

L'ENVELOPPE TRANSPARENTE

En indiquant sous ce titre une seconde manière de lire les lettres cachetées, expérience qui fait l'objet du chapitre précédent, nous y joindrons un échantillon des accessoires que l'on peut employer utilement pour donner à une séance de *physique amusante* un aspect féerique et vraiment magique.

« Voici, dit le physicien, de fortes enveloppes en papier très opaque, et des cartes en papier bristol de même format. Écrivez à l'encre sur une des cartes une phrase que vous transcrirez aussi sur le verso de cette même carte, et placez-la dans une enveloppe que vous rendrez inviolable en y apposant cinq cachets de cire, comme on fait pour les lettres chargées.

« Que maintenant chacun examine l'enveloppe et

dise s'il n'est pas impossible de lire le texte qui s'y trouve renfermé! Comme le regard du prestidigitateur pénètre partout, je vais transcrire sur une seconde carte le texte de la première, et cependant je vous rendrai intact le pli cacheté. »

Cela dit, le physicien passe à sa table, jette un simple coup d'œil sur l'enveloppe fermée, et, sans hésiter, il écrit à son tour la phrase qui sera, si vous voulez : « Devine si tu peux! »

L'enveloppe rendue aux spectateurs demeure pour eux impénétrable comme la première fois.

L'explication de ce tour montrera qu'il serait bon, dans certains cas, d'employer quelques précautions pour empêcher des gens malhonnêtes de prendre connaissance tout au moins de la quatrième page des lettres, ce qui, comme on va le voir, peut se faire sans laisser la moindre trace.

Le prestidigitateur a préparé d'avance sur sa table, derrière un livre, une boîte, ou un objet quelconque utilisé précédemment, une petite soucoupe contenant de la benzine et un petit tampon de ouate; au moment où de la main droite, il saisit un crayon à l'autre extrémité de la table, pour attirer de ce côté l'attention des spectateurs, de la main gauche, il passe rapidement une légère couche de benzine sur l'enveloppe qui devient ainsi transparente, ce qui permet d'en lire aisément le contenu. Comme la benzine s'évapore rapidement, le papier reprend son opacité, et l'enveloppe son premier aspect, pendant le temps nécessaire au physi-

Fig. 87. — Apparition du diablotin.

cien pour écrire le texte sur la seconde carte et pour débiter son petit boniment.

On emploie avantageusement la benzine de la même manière, pour reproduire par un calque, sur n'importe quel papier, même très épais, des croquis, des dessins, ou des cartes géographiques.

Mais venons-en au prestige qui doit servir d'accessoire lumineux à l'expérience.

Au moment où le magicien, ayant jeté les yeux sur l'enveloppe, va saisir son crayon, l'obscurité se fait presque complète dans la salle; un nuage s'élève autour de la table, et, sur ce nuage devenu soudain lumineux, apparaît un diablotin qui tient d'une main une enveloppe ouverte, de l'autre, une carte qu'il élève triomphalement.

Cette diablerie est des plus élémentaires : sur un réchaud allumé, dissimulé derrière un meuble on a jeté secrètement, au moment convenable des grains de genièvre, de l'encens ou du tabac, de manière à former une épaisse fumée sur laquelle on dirige, comme sur un écran, l'image projetée par une lanterne magique qui est cachée dans la coulisse, ou dans une chambre voisine dont la porte est ouverte.

La manière de disposer les appareils ne peut être indiquée ici d'une manière plus précise : elle dépend nécessairement de l'état des lieux, et personne n'y trouvera de difficulté.

Ajoutons que pour obtenir un résultat vraiment satisfaisant, il faut employer une lanterne magique d'une certaine puissance, et ne chercher à produire sur la fumée qu'une image très petite ; un peu grande, l'image serait beaucoup moins lumineuse ; de plus, le nuage de fumée ne pourra former un écran convenable et arrêter la presque totalité des rayons lumineux, que s'il est d'une opacité suffisante.

LIX

LA MAIN CLAIRVOYANTE

écoupez dans un morceau de carton un bras avec une main; l'index est étendu et se termine par un fil de fer. Au milieu du bras est un trou rond dans lequel passe, à frottement dur, un dé à coudre, de deux sous, formant chape.

D'autre part, sur une planche carrée de 70 centimètres de côté, tracez une circonférence de 56 centimètres de diamètre suivant laquelle vous enfoncerez, à égale distance, 32 pointes qui seront ainsi placées à environ 5 centimètres et demi l'une de l'autre : c'est la largeur d'une carte à jouer; au centre du cercle, enfoncez une cheville en bois qui sortira de 3 centimètres environ, et dont le diamètre sera légèrement plus petit que celui du dé adapté au bras en carton.

Coiffez la cheville du dé, et vous serez possesseur

d'un appareil peu élégant, sans doute, mais très suffisant pour exécuter le tour suivant.

Faites tirer une carte; on la remet dans le jeu que vous mêlez bien ; posez ensuite l'une après l'autre toutes les cartes, la face en dessous, tout autour des clous qui forment un cercle sur l'appareil, en sorte que les deux angles inférieurs de chaque carte soient en contact avec deux des pointes contre lesquelles vient frapper le fil de fer qui termine l'index de la main en carton (figure 88).

Invitez la personne qui avait tiré une carte, à faire tourner le bras ; relevez la carte devant laquelle l'index s'est arrêté : c'est précisément celle que l'on avait choisie.

Le secret ? Les 32 cartes, ou plutôt 31, sont pareilles ; quand vous finissez de les placer autour du cercle « vous vous apercevez » qu'il en manque une : vous la « trouvez » face *en dessus*, un peu plus loin sur la table, ou bien sous la planche de l'appareil : c'est la trente-deuxième que vous allez poser ; elle seule est différente des autres, toutes semblables, nous l'avons dit, mais la petite comédie que l'on vient de jouer a pour résultat, comme on le comprend, d'écarter les soupçons qui pourraient naître au sujet du jeu de cartes employé.

Et si la main allait s'arrêter précisément devant cette carte différente des autres ?

Il y a trente et une chances contre une pour qu'il n'en soit pas ainsi ; mais comme vous aurez eu soin de ne pas annoncer d'avance ce qui doit se produire, vous en seriez quitte pour vous tirer d'affaire par un subterfuge quelconque : « Voyez, diriez-vous, par

Fig. 88. — La main clairvoyante.

exemple, combien est grande l'intelligence de cette main ; elle a commencé par désigner la carte que nous avions égarée et qui manquait au jeu ; maintenant elle va vous montrer celle qui a été *choisie*. »

Inutile de dire qu'il faut vous empresser de ramasser ensuite les cartes pour éviter toute indiscrétion, et encore, ce faisant, devez-vous raconter quelque chose de bien intéressant ; annoncer un tour « plus merveilleux encore » pour détourner dans une autre direction l'attention de vos spectateurs.

LX

LA MALLE DES INDES

Cette expérience, très surprenante à première vue, a fait la fortune de maint prestidigitateur.

Des procédés différents ont été employés pour son exécution ; fort compliqués pour la plupart, plusieurs nécessitaient l'emploi d'une trappe, pratiquée dans le plancher de la scène, et d'une malle construite avec une très grande précision, de manière à ce que la porte secrète qui s'y trouvait ménagée et qui jouait sous l'action d'un ressort en basculant sur un pivot, fût invisible.

Nous n'oublierons pas que nous faisons de la magie blanche « en famille » et qu'il nous faut éviter surtout l'emploi d'objets compliqués.

Voyons d'abord l'effet du tour.

Le prestidigitateur est enfermé dans un sac dont les bords sont réunis ensemble, attachés solidement, et cachetés. Le sac est mis ensuite, avec son contenu, dans une malle posée sur deux chaises « pour écarter toute idée de communication par le plancher » (figure 89). La malle se ferme au moyen de deux bonnes serrures ; elle est, par surcroît de précautions, ficelée comme on le voit dans la figure 90, et de nou-

Fig. 89. — Introduction du prestidigitateur dans la malle.

veaux cachets sont apposés à l'entrecroisement des cordes. Tout autour, on place un paravent qui forme demi-cercle par derrière, et deux spectateurs, qui ont pris l'engagement de ne pas commettre d'indiscrétion, sont invités à tenir un rideau étendu devant le paravent.

Quelques secondes après, le prestidigitateur frappe ses mains l'une contre l'autre ; à ce signal le rideau tombe, et l'assistance voit le sorcier debout à côté de la malle dont les liens et les cachets sont demeurés intacts (fig. 90).

Une seconde fois le rideau cache à tous les yeux prestidigitateur et malle mystérieuse ; un coup sourd retentit bientôt et une voix étouffée commande d'enlever le rideau. Notre homme est rentré dans sa malle et dans son sac, qui n'ont pu cependant être ouverts ni l'un ni l'autre, les scellés le démontrent.

Fig. 90. La malle intacte, le prestidigitateur est dehors.

Brisez les liens, faites sauter les cachets, ouvrez les serrures, levez le couvercle ; le sac toujours ficelé et cacheté se dresse de lui-même, et, quand il est ouvert, le prestidigitateur en sort et le laisse tomber à ses pieds tout autour de lui. L'étonnement est tel chez les spectateurs qu'ils se demandent si, tout à l'heure, ils n'étaient point le jouet de quelque hallucination ; si c'était véritablement le même homme, en chair et en os, qu'ils ont vu, un instant auparavant, debout à côté de sa malle.

Dévoilons le mystère, en commençant par le sac qui est semblable de forme à ceux où l'on renferme le grain, la farine, le charbon. Seulement le fond en a été d'abord décousu, puis le sac ayant été retourné à l'envers, une couture a été faite avec de simples points en avant, en employant une ficelle assez forte terminée à un bout par un gros nœud et dont l'autre extrémité est libre. Le sac est ensuite remis à l'endroit. Pour en sortir, le prestidigitateur n'a qu'à saisir le nœud et tirer la ficelle; le fond se trouve ainsi décousu.

On peut faire examiner le sac aux spectateurs avant l'expérience, sans avoir à craindre qu'ils découvrent la fraude. La préparation de la malle (celle-ci peut être la première caisse venue), n'est guère plus compliquée; il suffit d'en modifier le fond de la manière suivante :

Si nous supposons que ce fond (figure 91) soit long de 1 mètre 50 centimètres, il sera divisé dans le sens de la longueur en trois parties A, C, B, formées chacune par une planche de 50 centimètres de longueur; celles des deux extrémités, à droite et à gauche de la malle vue de face, c'est-à-dire A et B, seront fixées par des clous plantés sur trois de leurs côtés; il restera entre elles un espace vide de 50 centimètres, au milieu du fond de la malle. De ce côté les deux planches fixes porteront une rainure suivant toute leur largeur; la troisième planche C, qui portera sur les côtés une coulisse et sera taillée très exactement, glissera à frotte-

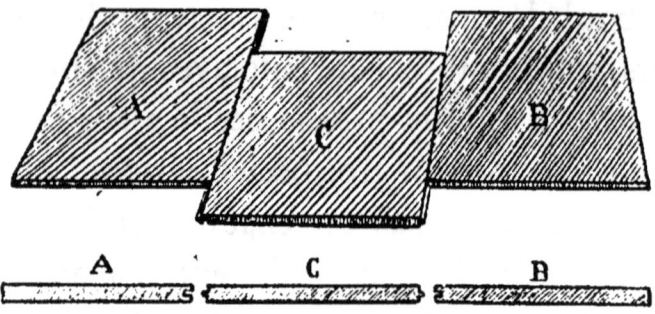

Fig. 91. — Le fond de la malle.

ment dur dans les deux rainures et viendra ainsi compléter le fond.

Pour sortir de la malle ou pour y entrer, le prestidigitateur n'a donc qu'à faire glisser cette planche C en avant; pour la saisir, il y enfonce légèrement, en biais, la pointe d'un couteau ou d'un gros clou qu'il tient dans sa poche.

Il est évident que les cordes qui attachent la malle, doivent être placées de manière à ne pas empêcher le jeu de la planche à coulisse; on adoptera par exemple la disposition identique dans la figure 90.

Quelques prestidigitateurs se mettent à refaire la couture du sac lorsqu'ils y sont rentrés; cette opération, difficile et pénible dans ces conditions, est bien inutile, car nous n'avons jamais vu qu'on ait demandé une seconde fois à examiner le sac; on croit tout simplement que le prestidigitateur en sort, alors qu'il ne fait que le traverser.

Il va sans dire que pour sortir du sac on met à profit le temps employé à fermer les serrures, à entourer la malle de cordes et à la cacheter.

LXI

LE SPECTRE EN CHAIR ET EN OS

n peut produire des effets fantastiques pendant une séance de physique amusante en éclairant la scène par des flammes colorées après avoir éteint subitement toutes les autres lumières.

Pour cela, on prépare une douzaine de lampes à alcool qui se font très économiquement avec ces flacons, à large base et de forme peu élevée, employés comme encriers; on y adapte un bouchon percé suivant son axe d'un trou dans lequel passe un bout de tube en métal fourni par un vieux porte-plume; quelques brins de coton forment la mèche.

L'acool à 90° qui alimente les lampes, est additionné d'un quart d'eau contenant, en dissolution jusqu'à saturation, des sels de diverses natures; le mélange fait, on y ajoutera encore un excès des mêmes sels, finement pulvérisés.

Au total, on pourra compter en moyenne, sur les proportions suivantes :

```
Alcool . . . . . . . . . . . . . . 75 grammes
Eau . . . . . . . . . . . . . . . . 25   —
Sel . . . . . . . . . . . . . . . . 25   —
```

Si l'alcool marquait moins de 90°, on diminuerait, en proportion, la quantité d'eau.

Voici quelques exemples des flammes obtenues et des sels employés.

Flamme vert-bleuâtre : sulfate de cuivre ;
   «   jaune : sel de cuisine ;
   «   violette : chlorate de potasse ;
   «   cramoisi brillant : azotate de strontiane ;
   «   rouge : chlorure de strontium ;
   «   bleue : chlorure de cobalt ou nitrate de plomb ;
   «   rouge orangé : chlorure de calcium ;
   «   verte : acide borique.

Les deux derniers sels étant solubles dans l'alcool, on les emploie sans addition d'eau.

Pendant que cet éclairage bizarre répand d'étranges clartés dans la salle, le prestidigitateur annonce qu'il va faire apparaître derrière un paravent, ou dans un cabinet voisin dont on ouvrira la porte « un véritable spectre vivant, non pas impalpable, mais en chair et en os »; l'obscurité devient complète et, soudain, les spectateurs terrifiés aperçoivent un personnage hideux,

Fig. 92. — Le spectre.

enveloppé d'un linceul; on dirait un cadavre qui vient de sortir de son tombeau ; son teint est d'un vert livide, ses lèvres d'un bleu violacé.

Le phénomène est produit par la flamme jaune du

sodium; dans une assiette brûle de l'étoupe saupoudrée de sel fin et arrosée d'alcool préparé; toutes les couleurs, sauf le bleu, sont éteintes à cette clarté lugubre. Dans ces conditions, il est même difficile de reconnaître les traits de l'aimable farceur qui, drapé dans une nappe, les cheveux dressés sur la tête, joue le rôle de fantôme.

On ne fera pas cette dernière expérience, ou d'autres du même genre, devant de jeunes enfants, sans employer toutes les précautions nécessaires; on a vu de ces pauvres petits devenir infirmes pour toute leur vie, et même fous, à la suite d'une frayeur.

LXII

LE JEU DES OMBRES

Une récréation bien ancienne, mais toujours amusante et qui clôture fort bien une séance de prestidigitation, c'est le jeu des ombres, qui fut très en vogue à certaine époque.

On commença par l'ombre du petit lapin, que chacun sait représenter ; puis, à force de chercher, on trouva d'autres figures.

Un pauvre diable gagna jadis, dit-on, sa vie, pendant plusieurs mois, en allant représenter dans les salons, avec l'ombre de ses mains, le profil de Louis XVI, ou celui de Robespierre, selon la nuance politique des spectateurs devant lesquels il opérait.

Les figures les plus faciles à représenter ont été publiées souvent et sont bien connues ; nous les avons retrouvées, sans la moindre variante, dans un almanach français datant de soixante ans, dans de vieilles brochures allemandes, sur un prospectus de poudre dentifrice, et sur des fragments de livre, perdus dans la boutique d'un bouquiniste italien; nous les reproduisons ici en y ajoutant un assez grand nombre de figures nouvelles, ou qui l'étaient du moins, croyons-nous, quand nous les avons publiées pour la première fois dans le journal les *Veillées des Chaumières*.

Pour donner une séance d'ombres à un très petit nombre de spectateurs, on se contentera d'un mur blanc et d'une bougie; au milieu se placera l'opérateur. Sur un mur de couleur sombre, on fixerait, avec quatre épingles, une feuille de papier blanc.

Une disposition différente devient nécessaire quand l'assistance est nombreuse.

Les spectateurs sont alors placés dans une chambre dont on a éteint les lumières, et en face d'une porte ouverte, devant laquelle est tendu un morceau de calicot que l'on peut rendre plus transparent, soit tout simplement en le mouillant, soit en y passant au pinceau une couche de vernis copal. Ce dernier procédé, toutefois, ne peut être employé que si l'étoffe est fixée sur un cadre; du calicot ainsi verni ne pourrait être plié ou roulé sur lui-même sans rester collé en un paquet.

Quand on veut pouvoir plier l'étoffe ou l'enrouler sur des bâtons auxquels elle serait clouée par le haut et par le bas, il faut la préparer de la manière suivante :

On fait dissoudre au bain-marie, à une douce chaleur, 20 grammes de cire blanche dans 100 grammes d'essence de térébenthine; on enduit de cette compo-

Fig. 93. — Châssis à coulisse pour les ombres.

sition le calicot, sur lequel on passe ensuite un fer chaud.

Voici une disposition assez commode et qui présente l'avantage de pouvoir être mise à profit, en outre, pour différents petits spectacles de famille bien connus, tels que le théâtre des ombres chinoises, les *feux pyriques* et les silhouettes en cartes découpées.

Dans l'embrasure d'une porte (fig. 93, page 335) est placé un grand châssis portatif que l'on fixe, au moment du besoin, par quatre petits taquets en bois, enfoncés avec force entre le cadre de la porte et les bords du châssis, qui, construit spécialement, doit être un peu plus petit. Deux liteaux à coulisses, cloués horizontalement aux montants du châssis, peuvent recevoir un petit cadre mobile que l'on y glisse par le côté, et qui porte soit une étoffe vernie, bien tendue — tel est le cas pour notre spectacle des ombres et pour les silhouettes en cartes découpées — soit les décors spéciaux de différentes sortes, employés dans les autres divertissements que nous avons nommés.

Quel que soit le système adopté, on dispose, à un mètre environ derrière l'écran translucide, et à la hauteur convenable, une bougie ou toute autre source de lumière, plus intense mais de foyer aussi peu étendu que possible, afin d'obtenir des ombres aux contours bien nets avec très peu de pénombre.

L'artiste se place, entre la toile et la lumière, par côté, comme le montre la figure 93.

Plus les mains de l'opérateur seront rapprochées de l'écran, plus l'ombre sera petite, nette et tranchée.

Si, au contraire, les mains se rapprochent de la lumière, leur ombre se projette plus grande et plus douce, les contours en sont moins arrêtés.

En tenant compte de ce fait, on pourra obtenir des silhouettes de dimensions différentes, et, jusqu'à un certain point, proportionnées, selon qu'il s'agira de représenter un écureuil ou un bœuf, un pigeon ou un éléphant; la chaire à prêcher sera plus grande que le prédicateur, et la tête de l'avocat plus grande que sa main qui gesticule.

Les manches de l'habit seront baissées ou relevées, selon qu'elles pourront produire ou non un effet utile; la seule inspection de nos dessins (figures 94 à 96) fait voir qu'on en tire parti pour la chaire, et qu'elles doivent être relevées quand on montre le cygne au long cou.

Ce serait une erreur de croire que tout le spectacle des ombres consiste à les représenter telles qu'on les voit dans nos dessins, immobiles et mortes; il faut leur donner de l'animation et de la vie, faire parler les hommes et crier les bêtes,... ou bien tout juste le contraire.

Il est temps de passer à l'exécution. Voici le coup de clochette qui annonce le commencement de la représentation.

Numéro 1, fig. 94. La main gauche, d'abord seule en

position, donne le profil d'une chaire surmontée d'un abat-voix.

Voici M. le curé qui paraît; il s'avance lentement derrière la chaire qui le cache un instant, puis il en gravit sans doute le petit escalier, car on voit émerger d'abord son bonnet carré, formé d'un petit morceau de papier, enfin la figure et le buste tout entier de l'orateur.

Le sermon commence, accompagné de beaux gestes. Ne pas oublier que la chaire ne doit pas prendre part au mouvement [1].

Passons au numéro 2 : c'est un avocat; ses gestes véhéments démontrent bien jusqu'à quel point il prend à cœur les intérêts de son client; il doit crier bien fort, car sa bouche s'ouvre d'une façon démesurée; sa tête s'agite, et dans un mouvement d'éloquence pathétique, sa toque vient de tomber; il prend son mouchoir, pour éponger son front ruisselant de sueur.

---

1. Il n'est peut être pas tout à fait inutile de transcrire ici quelques lignes qui étaient intercalées à cet endroit dans notre récréation, au moment où elle a paru dans les *Veillées des Chaumières*.

« Ici je m'arrête un instant, pieux lecteurs des *Veillées des Chaumières*, car j'entends gronder sourdement la voix maussade de quelqu'un que j'ai peut-être scandalisé :

— Mais, Monsieur Magus, y pensez-vous bien ! représenter ainsi un curé en ombre chinoise, c'est un manque de respect coupable ! Vous êtes donc un anticlérical, et cependant vous osez écrire dans les *Veillées des Chaumières !*

— Eh non, cher monsieur, je suis au contraire tout à fait clérical, plus peut-être que vous ne le pensez, mais notre excellent journal s'adresse à des lecteurs, gens d'esprit, et ne prend cure des faux dévots et des niais. »

Ne pas oublier pour ce numéro, que la main qui gesticule doit rester tout le temps très rapprochée de

Fig. 94. — Les ombres, numéros 1 à 10.

l'écran, tandis que la main qui forme la figure de l'avocat est beaucoup plus en arrière.

Notre numéro 3 est un petit homme qui peut être chargé d'annoncer le programme du spectacle; si l'on a eu soin de mettre sur la pointe antérieure du papier qui figure son chapeau un peu de cire vierge, ramollie à la chaleur des doigts, le pouce de la main droite venant s'y appuyer, représentera le personnage enlevant sa coiffure pour saluer l'assistance, et la replaçant ensuite sur sa tête. Ce même personnage peut servir aussi pour l'exécution d'une scène comique, alternativement avec les deux figures suivantes.

Le numéro 4 est un commissaire de police qui vient frapper à la porte de la maison, formée par l'ombre de la tête de l'opérateur, dont l'oreille est la porte, et dont la coiffure produit l'apparence d'une terrasse. Le propriétaire y monte; on cause, on se dispute, on se prend aux cheveux, on s'explique; pour imaginer la comédie, il suffit d'avoir assisté une fois dans sa vie à une représentation de Guignol. Bien entendu, c'est toujours le commissaire qui est battu; ce malheureux se montrant à une plus grande échelle dans le numéro 6, laisse fort bien voir qu'il n'est pas content du tout.

Voici le numéro 7, une bonne tête de grand papa.

Numéro 8 est un Indien oublié au jardin d'Acclimatation.

Numéro 9 est un personnage qui, grâce à la disposition des doigts de la main gauche de l'opérateur, peut changer cent fois de physionomie. Tel que nous l'avons représenté, c'est peut-être la photographie du monsieur qui nous traite d'anarchiste depuis que nous avons fait battre le commissaire.

Enfin, le numéro 10 est un nègre auquel il ne manque rien, pas même la couleur.

Laissons les hommes et passons à la série des animaux.

Qui ne connaît Jean-Lapin que l'on voit (fig. 95), courant de toutes ses forces, numéro 12, et faisant sa toilette, numéro 22 ? En représentant alternativement et rapidement ces deux positions, notre lapin paraît exécuter des bonds prodigieux.

Notre figure 93, page 335, montre la manière de tenir les mains pour représenter en même temps deux petits lapins.

Voici, numéro 11 (figure 95), un gentil lièvre dont le museau n'est pas moins agité que ses longues oreilles.

Numéro 13 est l'animal « qui se nourrit de glands » : vous le reconnaissez à ses affreux grognements.

Voici, numéro 14, le loup affamé qui hurle. Pour le faire taire, quelqu'un lui jette un os, qu'il happe au vol ; on voit mâcher la bête, dont le cou se gonfle, au passage de la nourriture dans son gosier.

Une métamorphose s'opère instantanément; c'est un canard, numéro 15, auquel on a fait peur, et qui se sauve épouvanté.

Puis l'ombre s'agrandit : voici un ours gigantesque,

informe, qui se met à danser; entre l'annulaire et le petit doigt de la main gauche qui produisent les pattes de devant de l'animal, l'opérateur peut tenir un crayon : on aura ainsi l'ours des foires s'appuyant sur un bâton.

Un charmant levrier se montre dans la figure 17.

Les numéros 18 et 23 font voir, dans deux positions différentes, le cygne, qui glisse doucement sur l'eau, agite ses ailes et allonge son cou; il se retourne gracieusement pour lisser ses plumes.

Le numéro 19 est une tête de chameau; 20, une bonne physionomie de gros chien; 21, une tête de cheval à laquelle il faut donner, en s'éloignant de l'écran, des proprotions beaucoup plus grandes, et tout le monde reconnaît une tête de bœuf dans le numéro 24.

Le pigeon, numéro 26 (figure 96), voltige gracieusement dans les airs; le coq, numéro 27, fait entendre son chant retentissant, que la poule, numéro 35, accompagne de ses gloussements; l'oie, numéro 36, pousse des cris affreux, et l'âne aux longues oreilles domine tout ce vacarme par un *hi-han* sonore. L'opérateur, pour cette figure, obtient une longueur convenable d'oreilles, en coiffant ses pouces de deux cornets de papier.

On entend à peine le doux *miaou* de minet, numéro 37; c'est le profil le plus facile à reproduire; la tête du chat se baisse et se relève, ses oreilles sont remuantes, sa petite queue se balance.

La chèvre et le bouc se voient dans les numéros 25

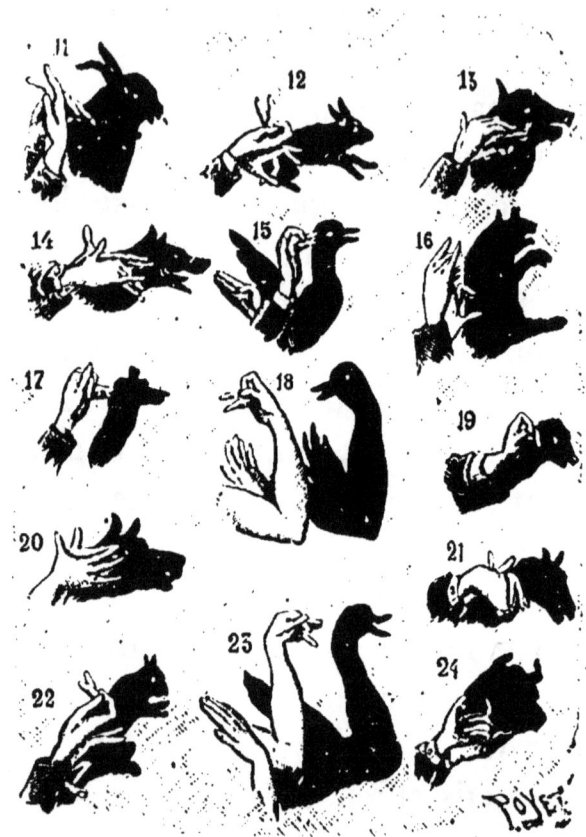

Fig. 95. — Les ombres, numéros 11 à 24.

et 29; l'écureuil au numéro 38 et le boule-dogue au numéro 39.

Si vous pensiez que ce dernier ne soit pas reconnaissable à première vue, vous pourriez proposer à vos spectateurs la charade bien connue, inventée par un Allemand :

> Mon premier, il est un oiseau de passe-cour,
> Mon teucième, il est le chapeau d'un chuche,
> Mon tout est un gros chien. Tefinez !

— ?

— *C'est un poule-toque !*

Mais revenons à notre dessin qui contient encore : un crocodile, numéro 28 ; un tapir, numéro 31 ; un rhinocéros, numéro 32 ; un hippopotame, numéro 34.

Comme on le voit, la ménagerie est à peu près complète.

L'éléphant, numéro 33, allonge sa trompe, avec laquelle il saisit un morceau de pain et le porte à sa bouche.

Toto raconterait la chose autrement, car il dit que l'éléphant est une grosse bête qui saisit le manger avec sa queue pour le mettre dans....... hum !

Les ombres ! Combien de mauvais tours n'ont-elles pas joués déjà à plus d'un, que l'on ne saurait accuser d'être poltron !

Sortez un soir par un beau clair de lune ; promenez-vous sous des arbres ou dans un cimetière, vous ne verrez partout que fantômes et silhouettes menaçantes.

Parfois aussi les choses tournent au comique.

Fig. 96. — Les ombres, numéros 25 à 39.

Un bon Père Capucin se plaisait, dit-on à raconter, à propos d'ombres, la curieuse histoire suivante : *Se non e vero...*

Tout le monde sait que ces religieux ont le visage orné d'une fort jolie barbe; les uns la portent longue, les autres courte ; chez les uns, elle s'étale en éventail, chez d'autres, elle se termine en pointe. Tel était, sans doute, le cas de notre saint homme, prédicateur éloquent.

Un soir, prêchant dans une église de village, il aperçut une vieille femme qui le fixait attentivement et qui paraissait émue.

Tant mieux, pensa le prédicateur; et, avec une toute petite pointe de vanité que le diable lui mit sans doute dans la tête, à ce moment, il jugea que son éloquence, ce jour-là, devait être bien grande ; aussi se laissa-t-il emporter de plus en plus par le feu de son discours, qui, bien évidemment, causait une impression profonde sur le cœur de ses auditeurs, car maintenant la vieille versait d'abondantes larmes.

Le sermon fini, le bon père pense qu'il y a là certainement quelque bien à faire, une pauvre pécheresse repentante à consoler; il va donc trouver la bonne vieille et lui dit :

— Eh bien, vous êtes donc touchée des choses que j'ai prêchées?

— Ah! mon père, répond la femme, au milieu des sanglots, tout le temps de votre sermon... la bougie, à côté de vous... l'ombre, sur le pilier, de votre grande barbe... c'était elle... je croyais la voir encore... elle était si gentille...

— Mais qui donc?

— Eh! ma pauvre bique qui a crevé la semaine passée!

Terminons en donnant quelques indications sur les exercices à faire pour assouplir ses doigts et les rendre aptes à prendre facilement toutes les positions voulues pour l'exécution parfaite des silhouettes.

Étalez votre main verticalement, et, tandis que tous les doigts réunis resteront immobiles, donnez à votre pouce, lentement et régulièrement, un mouvement de va et vient dans le plan de la main.

Faites exécuter le même exercice au petit doigt seul.

Laissant réunis d'une part l'index et le médius, de l'autre, l'annulaire et le petit doigt, écartez et rapprochez successivement les premiers des seconds.

Tenant repliés intérieurement tous les autres doigts de la main, efforcez-vous de redresser, le plus possible, chaque doigt isolément.

Enfin, tenant la main étendue verticalement, faites balancer, d'avant en arrière, chaque doigt, laissant les autres réunis et complètement immobiles.

Plusieurs de ces exercices sembleront au premier abord peu aisés à quiconque ne serait pas déjà pianiste ou prestidigitateur habile; mais après quelques jours, et surtout quelques semaines d'exercices, on s'apercevra que l'on a acquis, sans trop de peine, une souplesse étonnante des doigts, grâce à laquelle toutes les difficultés de l'ombromanie se trouveront vaincues.

Bien entendu cette gymnastique des doigts peut se faire en tous temps et en tous lieux, en se promenant ou en lisant son journal, ce qui ne cause aucune perte de temps.

Et puis, on le sait bien : « Sans un peu de travail, il n'est point de plaisir »..

TABLE DES FIGURES

Numéros des figures.		Pages.
FIG. 1.	— Tablette avec boîte capitonnée	XVII
— 2.	— Servante improvisée.	XVIII
— 3.	— Tapis de table à poches.	XIX
— 4.	— Servante portative	XX
— 5.	— Servante accrochée à une chaise	XXI
— 6.	— La baguette suspendue	2
— 7.	— Première position du mouchoir.	6
— 8.	— Allongement du mouchoir.	7
— 9.	— Le nœud défait.	13
— 11.	— L'anneau tiré de l'œuf	17
— 12.	— La clef et la carotte.	21
— 13.	— Les mouvements inconscients	29
— 14.	— Le verre renversé.	35
— 15.	— Les papillons en papier	41
— 16.	— Voir à travers les murs	44
— 17.	— L'assiette brisée.	49
— 18.	— Le foulard multicolore.	55
— 19.	— L'œuf préparé.	61
— 20.	— Le foulard et la bougie	65
— 21.	— La fausse bougie.	67
— 22.	— Les pièces et les cuvettes.	73
— 23.	— La pièce dans la tasse.	76
— 24.	— La pièce et le mouchoir.	80
— 25.	— La pièce enlevée	81

Numéros des figures.		Pages.
Fig. 26.	La pièce dans le verre	85
— 27.	La pièce sur le front	90
— 28.	Les jetons dans la manche	95
— 29.	Le bocal transparent	99
— 30.	Les anneaux chinois	109
— 31.	Tapis à poches pour les anneaux	112
— 32.	Première position de la ficelle	116
— 33.	Deuxième position de la ficelle	117
— 34.	Troisième et quatrième positions de la ficelle	118
— 35.	Le faux nœud	119
— 36.	Le chemin que suit la corde	123
— 37.	Disposition des nœuds	131
— 38.	Les figures géométriques	135
— 39.	Le gros dé, premier procédé	139
— 40.	Le gros dé, deuxième procédé	141
— 41.	Le bouchon de carafe percé	147
— 42.	La baguette	153
— 43.	Les carafons magiques	158
— 44.	La carafe aux liqueurs variées	161
— 45.	Poinçon dont le fer rentre dans le manche	165
— 46.	Le couteau et le clou *truqués*	167
— 47.	Les roses merveilleuses	172
— 48.	La pièce est enfoncée dans le bois	176
— 49.	Le bloc de bois aplani	177
— 50.	Le développement de l'image	178
— 51.	La sculpture à l'eau chaude	179
— 52.	Le fil sous le chapeau	183
— 53.	Le domino enlevé	189
— 54.	Curieuse partie de dominos	194
— 55.	Les pyramides et les socles	199
— 56.	Les pyramides sur les socles (coupe)	201
— 57.	Appareils pour les cylindres de carton	203
— 58.	Écoulement du liquide dans le verre	205
— 59.	Le cylindre à siphon	207

TABLE DES FIGURES

Numéros des figures.		Pages.
Fig. 60.	Cornets truqués, bouteille et socles	209
— 61.	Récipients pour le tour de l'omelette	213
— 62.	Pilon et mortier (coupe)	218
— 63.	Trituration de la montre	219
— 64.	Apparition de la montre	221
— 65.	La carafe sur le support tournant	222
— 66.	Le support tournant	223
— 67.	Les drapeaux	227
— 68.	Le couteau au billet	232
— 69.	Introduction du billet dans le pain	233
— 70.	La lunette magnétique et les chiffres	237
— 71.	La boîte aux fleurs et les tiges aimantées	239
— 72.	La boîte aux chiffres	247
— 73.	La lettre décachetée	255
— 74.	Le chat décapité	260
— 75.	La petite table à glace	261
— 76.	La tête obéissante ; en coupe les deux conduits	267
— 77.	Le cierge en papier	272
— 78.	La poupée et sa robe	276
— 79.	M. Jean de la Vigne	277
— 80.	Le verre d'encre et les poissons	283
— 81.	Les cartes marquées	287
— 82.	La carte imprimée sur le mouchoir	291
— 83.	Les deux fumeurs	294
— 84.	La boîte à la carte	299
— 85.	Les cartes à bords différents	305
— 86.	Comment on lit les lettres	309
— 87.	Apparition du diablotin	315
— 88.	La main clairvoyante	321
— 89.	Introduction du prestidigitateur dans la malle	324
— 90.	La malle intacte, le prestidigitateur est dehors	325
— 91.	Le fond de la malle	327
— 92.	Le spectre	331
— 93.	Chassis à coulisse pour les ombres	335

352 MAGIE BLANCHE

Numéros
des figures.   Pages.
Fig. 94. — Les ombres, numérotées 1 à 10.   339
 — 95. — Les ombres, numérotées 11 à 24.   343
 — 96. — Les ombres, numérotées 25 à 39   345

TABLE DES MATIÈRES

		Pages.
Préface.		v
Avant-propos		xi
Chapitre Ier.	— La baguette magique.	1
— II.	— Allongement extraordinaire d'un mouchoir.	5
— III.	— La puissance d'un souffle.	11
— IV.	— Une bague dans un œuf.	15
— V.	— Voyage invisible d'une clef.	19
— VI.	— Les mouvements inconscients.	25
— VII.	— Le verre inversable.	33
— VIII.	— Les papillons japonais.	39
— IX.	— Le mur transparent.	43
— X.	— Assiette cassée.	48
— XII.	— Un foulard merveilleux.	53
— XIII.	— Le foulard et l'œuf.	59
— XIV.	— Voyage d'un petit foulard et d'une bougie.	63
— XV.	— Les pièces de monnaie animées.	71
— XVI.	— Voyage invisible de deux pièces de monnaie.	73
— XVII.	— Escamotage d'une pièce de monnaie.	79
— XVIII.	— La pièce de monnaie ensorcelée.	83
— XIX.	— Les effets de l'évaporation.	87
— XX.	— Les jetons dans la manche.	93
— XXI.	— La rose ressuscitée.	97
— XXII.	— Les anneaux chinois.	103
— XXIII.	— Le nœud escamoté.	115

			Pages.
Chapitre	XXIV.	— Le vrai invraisemblable	121
—	XXV.	— Les liens inutiles.	125
—	XXVI.	— Une leçon de géométrie.	133
—	XXVII.	— Le gros dé	137
—	XXVIII.	— Substitution surprenante.	145
—	XXIX.	— Le vin changé en eau	151
—	XXX.	— Une mystification.	157
—	XXXI.	— Liqueurs au choix.	159
—	XXXII.	— Invulnérabilité	163
—	XXXIII.	— Les roses merveilleuses	171
—	XXXIV.	— La sculpture à l'eau chaude	175
—	XXXV.	— Le chapeau ensorcelé.	181
—	XXXVI.	— Quelques tours de dominos	187
—	XXXVII.	— Quelques tours de dominos (*suite*). . . .	191
—	XXXVIII.	— Quelques tours de dominos (*suite*). . . .	193
—	XXXIX.	— Merveilleuse séparation	197
—	XL.	— L'omelette dans un chapeau	211
—	XLI.	— Montre brisée.	217
—	XLII.	— Les drapeaux	225
—	XLIII.	— Le billet brûlé	231
—	XLIV.	— La lunette magnétique	235
—	XLV.	— La boîte aux chiffres	245
—	XLVI.	— Comment on prédit l'avenir	251
—	XLVII.	— Tête coupée et vivante	259
—	XLVIII.	— La tête obéissante	265
—	XLIX.	— Le grand cierge	271
—	L.	— Pour les tout petits.	275
—	LI.	— Verre d'encre et poissons rouges	282
—	LII.	— Reconnaître les cartes au toucher. . . .	285
—	LIII.	— Décomposition d'une carte à jouer	289
—	LIV.	— Fumer une pipe vide.	293
—	LV.	— Carte brûlée.	297
—	LVI.	— Les cartes retournées.	303
—	LVII.	— Lecture des lettres cachetées.	307
—	LVIII.	— L'enveloppe transparente	313

TABLE DES MATIÈRES

			Pages.
Chapitre	LIX.	— La main clairvoyante	316
—	LX.	— La malle des Indes	323
—	LXI.	— Le spectre en chair et en os	326
—	LXII.	— Le jeu des ombres	333

Angers, imp. Burdin et Cie, rue Garnier, 4.

EN PRÉPARATION :

AMUSEMENTS SCIENTIFIQUES, par Magus, 1 vol. in-8º illlustré.

MAGIE BLANCHE EN FAMILLE, deuxième série, par Magus, 1 vol. in-8º illustré.

www.ingramcontent.com/pod-product-compliance
Lightning Source LLC
Chambersburg PA
CBHW060345190426

43201CB00043B/784